JN208410

［決定版］

価値住宅株式会社代表取締役
Takahashi Masanori
高橋正典

プロだけが知っている!

中古住宅の買い方と売り方

朝日新聞出版

はじめに

私は以前から、日本ではまだ中古住宅（マンション・戸建て）市場が成熟していないがゆえに、価値のある中古物件が安く売られている状況にあり、家を買うなら中古にしたほうがいいと主張してきました。

それを裏付けるかのように、ここ最近、中古住宅の売買が非常に盛り上がってきました。公益財団法人東日本不動産流通機構のデータによると、首都圏における中古住宅の成約件数は、２００８年から２０１８年の11年間に、戸建ては約35％、マンションは約30％も増加しています。一方、同じ11年間で新築住宅の供給件数は約10％減少しています。新築よりも中古を求める人が増えています。

私が不動産事業者としてお客さまの不動産売買をお手伝いする中でも、特にこの5年ほどで流れが大きく変わってきたと実感しています。

「新築が欲しいけれど、高くて手が出ないから中古にする」ではなく、「中古で納得できる物件を選び、自分好みにリフォーム・リノベーションして住みたい」という考え方が一般的になってきたのです。

その背景には、空き家の増加に伴って市場に流通する中古住宅が増えてきたという事情もあるでしょう。

このような状況の中で、これから中古住宅を買おうとする時に気をつけなければならないポイントは何か。

それは、いずれ売ることを視野に入れた買い方をすることです。

例えば中古住宅を買ってから15年後に、家族構成やライフスタイルが変わり、もう少しコンパクトな家に住み替えたいとなった時、今の家の価値が大幅に下がっていたらどうなるでしょうか。

家を売っても資金が足りないため、住み替えを断念することになってしまいます。そうなると、生活設計は大幅に狂います。

逆に、15年後も価値が大きく下がらない家を買っていれば、売ったお金で次の住宅に住み替えができるのはもちろん、生活資金も確保できます。あるいは売らずに他人に貸すことで家賃収入を得る選択もできます。いずれにしても、生活の満足度は大きく上がると言えます。

中古住宅の流通が今後も増えていく状況にあるからこそ、家を買う時には、将来にわたって価値が下がりにくい家を買わなければならないのです。

そんな中古住宅市場の中で、いい物件を探す方法を解説しているのが本書です。取引が活発化し、以前よりも中古住宅の価格は上がってきていますが、その中でも「お宝物件」はまだまだあります。

本書の第1部「中古住宅の買い方」では、お宝物件を買うために知っておきたい、不動産購入の失敗例（1章）、不動産価格の決まり方（2章）、ローンの仕組み（3章）、不動産会社の選び方（4章）、物件の選び方（5章）、価格交渉術（6章）などを具体的に紹介しています。また、せっかく買ったお宝物件の価値を落とさないための維持管理方法（7章）についても解説します。

第2部「中古住宅の売り方」では、少しでも高値で売却をするために、市況の調べ方（1章）、販売戦略の立て方（2章）、不動産会社選び（3章）、売却時に知っておきたい税金の知識（4章）について紹介しています。

なお本書は、2014年に出版した『プロだけが知っている！中古住宅の選び方・買い方』と、2015年に出版した『プロだけが知っている！中古住宅の魅せ方・売り方』を改訂し、1冊にまとめたものです。

これら2冊と共通する部分は多くありますが、新しい情報も加えていますので、前著を読んでいただいた方にも参考になる部分はあるはずです。

ぜひ本書を活用して、納得できる中古住宅を購入（または持ち家を納得の価格で売却）してください！

2019年8月
高橋正典

〔決定版〕プロだけが知っている！
中古住宅の買い方と売り方

目次

第4章 プロを味方につける「不動産会社」選び

第5章 磨けば光る「お宝物件」の見つけ方

第6章 ムダな出費を抑える「価格交渉」術

第2章 家の価値を最大化させる「販売戦略」の立て方

第3章 中古住宅の売却は「不動産会社選び」が8割

第4章 知らないと損をする「税金」のこと

装幀◆日下充典
本文デザイン◆KUSAKAHOUSE
編集協力◆平行男

プロローグ

プロだけが知っている「お宝物件」

「お宝物件」は「転売しやすい家」でもある！

ローン残高は少ないほうが安心

本書で解説する「お宝物件」とは、「価格」以上の「価値」がある中古マンション・戸建てのことを指しています。

お宝物件を買うことの最大のメリットは、物件の資産価値に対して住宅ローンの額が少なくて済むことです。

もし、本来の価値よりも高い価格がついた「割高物件」をフルローン（頭金なしで購入費用をすべてローンでまかなう買い方）で購入したら、どうなるでしょうか。**図表1**のように、購入後しばらくは、物件の資産価値よりも住宅ローン残高のほうが大きい状態が続きます。

数年後、何らかの理由で家を手放さなければならなくなった時、ローン残高より低い価

図表1◆「お宝物件」と「割高物件」

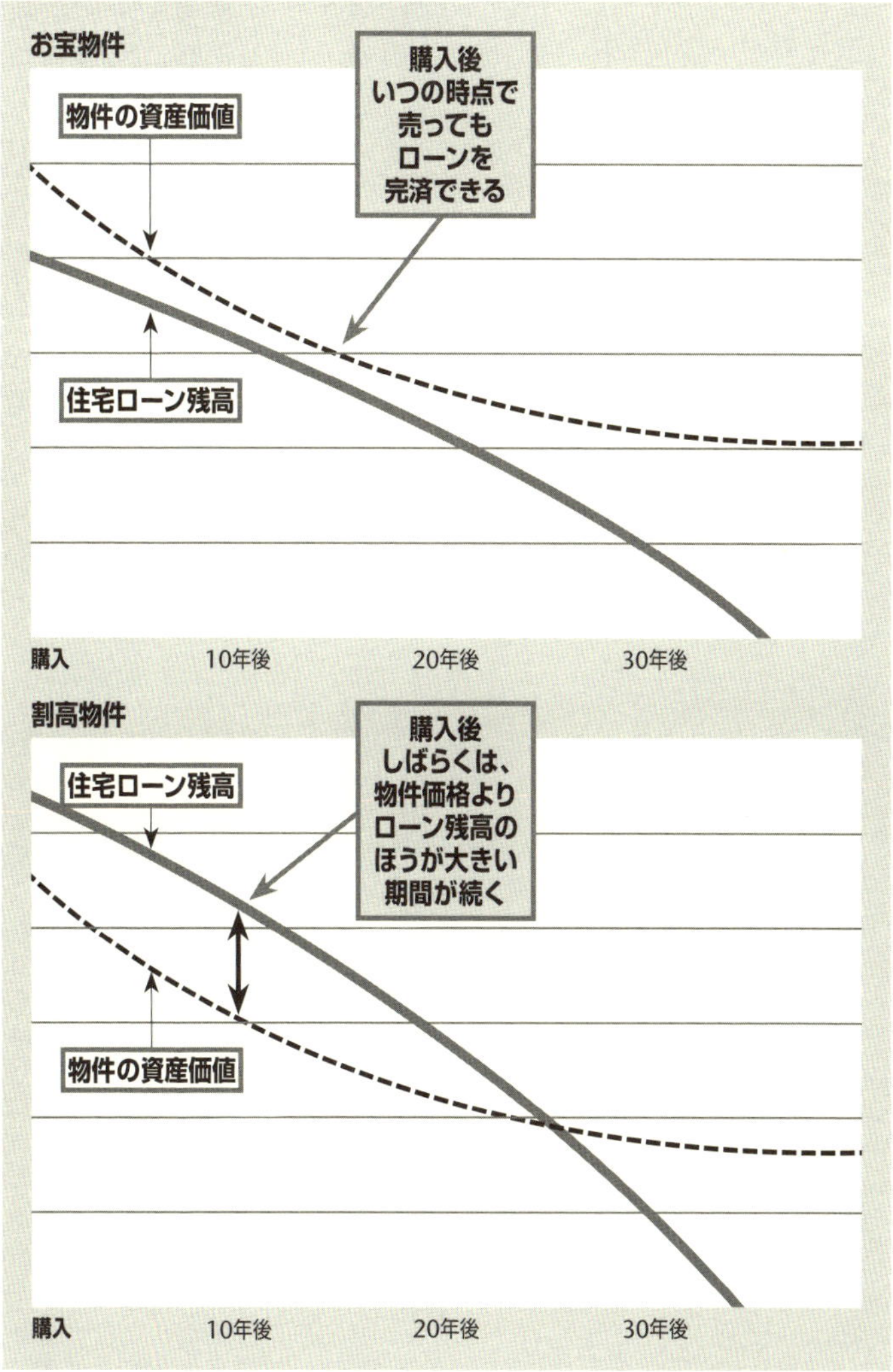
お宝物件
購入後
いつの時点で
売っても
ローンを
完済できる
物件の資産価値
住宅ローン残高
購入
10年後
20年後
30年後
割高物件
購入後
しばらくは、
物件価格より
ローン残高の
ほうが大きい
期間が続く
住宅ローン残高
物件の資産価値
購入
10年後
20年後
30年後

格でしか売れず、ローンが残ってしまうことになります。これは悲惨な状況です。

一方、価格よりも価値が高いお宝物件を買えた場合はどうでしょうか。いつ売ったとしてもローンを完済できる状態にあるので、非常に安心感があります。緊急事態が起きて急いで売りたいとなった時には、多少割安な値付けをすることで、スピーディーに売り主を見つけることもできます。

しかもお宝物件は、時間が経っても価値の下がりにくい物件でもあります。場合によっては売却時に利益が出ることもあります。お宝物件を買っておけば、売却時に選択肢と余裕が生まれ、住み替えや転勤などライフスタイルの変化にも対応しやすくなるわけです。

中古市場には「お宝物件」がたくさん眠っている！

お宝事例❶マンション編
「見た目が汚いだけで500万円も安い！」

まず、お宝物件の存在を実感していただくために、私が取引をお手伝いした事例の中から、お宝度の高かった物件をご紹介しましょう。

相場価格よりも500万円以上安いマンションが、見た目が汚いというだけで市場に放置されていた事例です［図表2］。

物件(マンション)の概要

築21年・鉄筋コンクリート造8階建て2階部分
JR総武線・中央線「高円寺」駅徒歩9分

図表2◆お宝物件の事例①［マンション］

専有面積◆約76平方メートル
間取り◆3LDK
価格◆5150万円

中央線でも人気の高い駅「高円寺」から徒歩圏という好立地にある物件です。周辺の中古マンション相場から考えれば、割安な価格です。

なぜ、当社が割安な値付けを提案せざるを得なかったのか。それは、この部屋で売り主がペットを飼っていたため、壁クロスがボロボロになっていたり、壁に穴が開いていたりするなど、見た目の印象が非常に悪かったからです。

ペットを飼っている以上、室内が汚くなってしまうのは仕方がありません。しかし、汚すぎる中古物件というのは、内覧者に悪い印象を持たれてしまいます。いくら中古物件をリフォームして住む前提で考えている人であっても、汚い見た目からは自分が住んでいる状況を想像しづらいのです。

「300万円かけてリフォームすればきれいになって高く売れますよ」と売り主を説得したのですが、売却コストをかけたくないとのことで、仕方なく価格を安めにして売りに出したわけです。

ところが、なかなか買い手がつかず数カ月売れ残っていました。この間、何人ものお客さまが内覧に来ましたが誰も買おうとはしませんでした。

やがて売却期限ギリギリになった頃、複数の不動産会社から値下げ交渉とともに買いたいという問い合わせがあり、その中で４７００万円の値をつけた会社に売却しました。もちろん、不動産会社が買うわけですから、利益を乗せての再販売が目的です。

ここからは売り主にはあまり知られたくない後日談です。

その不動産会社はこの物件をすぐにリフォームして売りに出したのですが、買った１カ月後にはもう売れてしまいました。価格はなんと６１８０万円。不動産会社にとっては、リフォーム費用を引いても１０００万円ほどの利益が出た非常にオイシイ物件だったのです。

もしもともとの売り主にリフォーム資金があれば、それだけ高く売ることができたとも考えられます。

これはたまたま売り主側の話でしたが、自分が買い主側として見れば、このようなラッキーな物件を見つけるチャンスはあるということです。

築21年ではありますが、新耐震基準「**151**ページ参照」にあてはまるので耐震性は問題ありません。後ほど説明しますが、買ってから5年間の保証がつく「瑕疵《かし》保険」にも加入していた物件です。

住宅ローン減税の適用も受けられるので（詳しくは第1部第3章「98ページ」で説明します）、10年間で最大200万円のお金が戻ってくる可能性があります。

お宝事例❷戸建て編「丈夫な建物がタダで手に入った！」

マンションだけではなく、戸建てでもさらに多くの物件が眠っています。戸建て住宅は築20年を超えると建物の価値がゼロとみなされ、土地だけの価格で売られてしまうからです。

しかし築20年を超えても、構造に問題はなく、まだまだ使える建物はたくさんあります。価値ある建物がタダ同然で手に入るのが、中古戸建て市場の魅力です。

では、お宝物件の事例を見てみましょう。

物件（戸建て）の概要

築23年・木造2階建て
西武池袋線「石神井《しゃくじい》公園」駅徒歩15分
敷地面積◆約95平方メートル

間取り◆3LDK
価格◆4980万円

人気の住宅街「石神井公園」に位置する土地付き一戸建てです。4980万円で売りに出されていました［図表3］。

この地域の土地の実勢価格（実際に売買される金額）を調べると、1坪あたり170万円程度が相場です。この物件は約29坪（約95平方メートル）ですので、土地の価格が4930万円程度と考えられます。つまり、この物件はほぼ土地だけの価格（建物価格はほぼゼロ）で売りに出されていることがわかります。しかも、築23年で新耐震基準を満たしています。

さらに、住まわれている方が家に愛着を持ち、適切な維持管理を行っていたため、建物はとても状態がよいのです。少し問題があるとすれば、間取りが個性的で、そのままでは使いづらいかもしれません。しかし、第1部第5章［139ページ］で詳しく解説していますが、お宝物件を探す際には「変えられること」と「変えられないこと」を分けて考える必要があります。その意味では、間取りは「変えられること」です。そこがネックになって、もし買い手がつかないとすれば、その物件はお宝度が高いと言えます。

図表3◆お宝物件の事例②［戸建て］

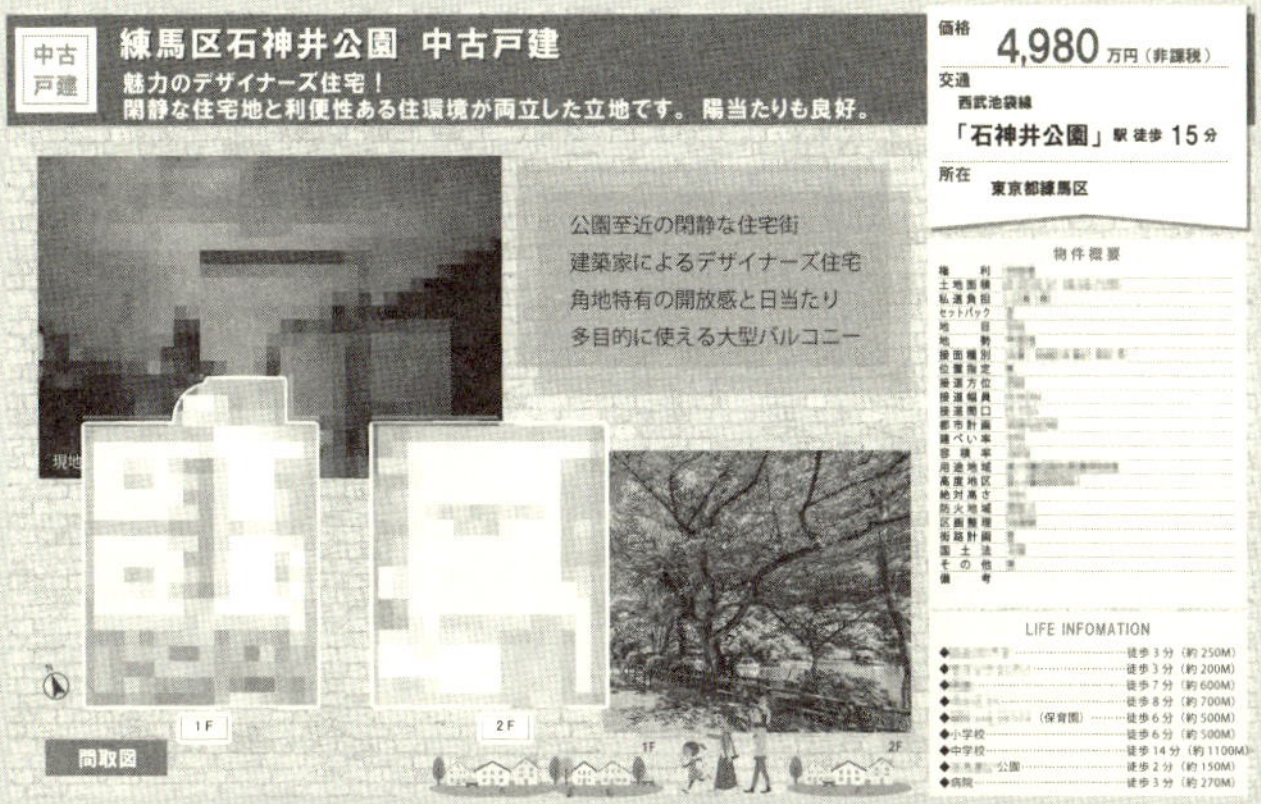

新耐震基準を満たし、重大な欠陥も見当たらない建物を、
タダ（土地代のみの物件価格）で購入できたお宝物件！ しかも、駅徒歩15分。
ほぼ同じ広さの土地・建物面積を持つ物件を新築で探すと、
駅から同じくらいの距離で6080万円だった。
その価格差だけでも、実に1000万円以上!!

もし、同じエリアで新築戸建てを買おうとしたらどうなるでしょうか。

実際に物件情報を探してみましたが、ほぼ同じ広さの土地・建物面積を持つ物件では、駅から同じくらいの距離の物件で6080万円と、だいぶ高くなってしまいます。

また、もし予算4980万円を上限に新築を探したとすると、駅からの距離や土地面積をかなり譲歩しなければ見つけられないでしょう。

このように、新築では手に入れることのできないお宝物件がたくさん眠っているのが中古住宅市場です。そして、価格交渉し、住宅ローン減税も受けることで、結果的に新築を買うよりも1000万円以上お得にマイホームを手に入れることができます。

では実際に、どのようにしてお宝物件を探せばいいのか。中古住宅特有のリスク・不安に対処する方法は。住宅ローン減税を受けるためには……。

第1部では、中古住宅の探し方・買い方について、プロの視点から解説していきます。

メンテナンスが「家」のお宝度を高める

マイホームのメンテナンス費は「投資」と考える

お宝物件を購入することと同じくらい大切なのが、買った後のメンテナンスです。新築物件であれば、売り主が定期点検をやってくれます。例えば、6カ月目、1年目、5年目といった頻度で、アフターサービス補修が行われるケースが多いでしょう。家の持ち主が忘れていても、時期になれば連絡がきてメンテナンスを実施してもらえます。

中古物件には、そのような業者によるアフターサービスやメンテナンスはありません。そのため、所有者は自分でスケジュールを決めて、自分で業者に依頼してメンテナンスを実施しなければなりません。

ところが多くの人は、マイホームを買った後の維持管理にはあまり関心を持っていません。中には、何もせずに数十年住み続ける人もいます。

メンテナンスを怠れば、当然ながら建物はどんどん劣化していきます。特に戸建てでは、屋根や壁などからの雨の侵入をきっかけに建物全体が劣化します。木造戸建てではシロアリも大敵です。それらのダメージにより、時には住み続けることが難しくなるほど劣化することもあります。そうなれば建物の価値は0円かマイナス（解体費用がかかる）になってしまいます。

マンションの場合も、専有部分の維持管理は区分所有者の責任です。やはり定期的なメンテナンスや補修をしなければ、室内の状態が悪化し、資産価値の下落につながります。

しかし、定期的なメンテナンスを実施し、悪いところを補修しながら使っていけば、建物の寿命は延ばすことができます。古くてもきちんと手入れされている家なら、一定の資産価値が維持されて、売却時にもきちんとした価格が付くはずです。

つまり、メンテナンスは無駄遣いではなく、将来売却する時のための「投資」なのです。今後、中古住宅の流通がますます拡大する中で、建物の状態は価格を左右する要因としていっそう重視されるようになると考えられます。メンテナンスの方法は第1部第7章でお伝えします。

「暮らし方」に「家」を合わせる時代

ライフスタイルは15年サイクルで変わる

ここ十数年、情報化社会の進展とともに、人々の価値観の多様化がいっそう進んでいるような気がします。

それは、人々の暮らしの基本である住まいに関しても同じです。

かつてはマイホームを買うといえば建売の新築が主流でした。建売の新築は、言ってみればお仕着せの住宅です。買い主が仕様を選べる部位もありますが、それは限られた一部分だけで、大枠では住宅メーカーやディベロッパー（不動産開発業者）が決めた仕様を受け入れるしかありません。

しかし中古住宅では、買ってから好きなようにリノベーションを実施することで、自分のライフスタイルにフィットさせることができます。あえて中古を選ぶ人が増えているのも、自分なりのこだわりを重視する人が増えているからでしょう。

物件探しにおいても、新築の場合は、市場に出回る限られた物件の中から、比較的短い期間で購入を決断しなければなりません。

一方で中古の場合は、市場にたくさん出回っている物件の中から、自分に合う家が見つかるまで、時間をかけてじっくりと探すことができます。

ライフスタイルの変化は15年サイクルで訪れるといいます。例えば30歳で結婚して2人での生活が始まり、45歳で子供がある程度大きくなると子供部屋が欲しくなり、60歳で子供が独立してまた夫婦2人の生活に戻る、といった感じのサイクルです。その間、ずっと同じ家に住む必要はありませんよね。

家族構成に合わせて部屋数や間取りの違う家に住めばいいし、夫婦2人の生活になったら、コンパクトな家に住んだほうが便利でしょう。

住む場所についても、駅からの距離を重視する時期もあれば、周辺環境を重視する時期もあり、状況に応じて住み替えたほうが暮らしやすさは増します。

そのような住み替えをスムーズに行うためには、その時々で、お宝物件をきちんと選んで購入することが非常に大事です。家の買い方・売り方の知識を身につけておくことは、人生の豊かさを左右するといっても過言ではないのです。

第1部

中古住宅の買い方

第1章 中古住宅を買ってから後悔する理由・ワースト5

後悔する理由1 「住んでみたら欠陥住宅だった！」

絶対に避けたい「欠陥住宅」

プロローグで紹介したようなお宝物件、見つけたいですよね。

でも、慌てないでください。お宝物件にたどり着くための具体的なノウハウの解説を始める前に、まずは主な「中古住宅を買ってから後悔する理由」をあげながら、同じような失敗をしないための注意点を見ていきましょう。

これからあげていく5つの後悔する理由は、私が不動産業界で25年以上にわたって仕事をしてきた中でよく耳にしてきたものばかりです。統計を取ったわけではありませんが、プロの目から見て、より気をつけていただきたいと思うものから順に5つ紹介します。

まず、中古住宅に限らず新築でもそうですが、家を買った後で「住んでみて欠陥がわかった」となるのは絶対に避けたいところ。

例えばマンションなら「共用部の給排水管が老朽化して水漏れしていた」「管理組合が十分に機能しておらず、長期修繕計画に問題があった」などがよくある例です。戸建て住宅なら、「問題がないように見えて、実は雨漏りをしていた」「壁の断熱材が劣化していて、住んでみたら異様に寒かった」などが考えられます。

買ってからそのような欠陥が見つかっても、瑕疵《かし》担保免責（売り主は責任を負わない）という契約になっていれば、買い主は自分のお金で補修するしかなく、大きな負担です。

これらのリスクを避ける方法については、後ほど「**43~53**ページ」で解説します。

後悔する理由2 「不動産会社やリフォーム会社がいい加減だった！」

不動産会社との間でトラブルになりやすいワケ

中古住宅を買ってから、「不動産会社やリフォーム会社がいい加減だった」と気づくケースもよく耳にします。

例えば、買う時には説明されていなかったのに、「本当は住宅ローン減税を受けられた」「不動産取得税が想定していたより多くかかった」といったことに後から気づき、不動産会社との間でトラブルになったりします。

なぜそのようなことになるのかというと、それは日本の住宅市場と大きく関係しています。

国土交通省によると、日本で流通している住宅のうち、新築住宅が占める割合は約85・3％（2013年）で、中古住宅が占める割合はわずか14・7％にすぎません。戦後の住宅不足時代につくられた法律によって新築ばかりを建ててきた結果、日本人には新築信仰が根づいてしまったためです。一方、アメリカでは中古取引の割合が83・1%（2014年）、イギリスでは同じく87%（2013年）と、欧米諸国つまり先進国では住宅の取引は中古がメインなのです。

国による住宅事情の違いにはいろいろな理由がありますが、日本において中古住宅が脇に追いやられてきた事実は隠しようもありません。

その結果、中古住宅に関する知識やノウハウを不動産会社が蓄積できないという状況になっています。

不動産会社にとって、中古取引には、新築取引の倍以上の知識と労力が必要となります。つまり、「中古住宅はよくわからなくて面倒だから、できれば新築を売りたい」というのが不動産会社のホンネです。

それでも買いたい人がいれば売らざるを得ません。しかし、現場の営業担当者は中古住宅の取引をよく知らないので、細かい質問をされても即答できるものではありません。特に税金・建物関係の知識が不足している営業担当者は多いようです。

不動産会社選びについては第1部第4章「**103**ページ」で詳しく説明します。また、これから住宅を買う人はぜひ知っておきたい住宅ローン減税についても、第1部第3章「**98**ページ」で解説しています。

「安かろう悪かろう」に要注意

リフォームの施工後しばらく経ってから、「床に傾きがある」「室内が寒すぎる」など、不具合が出てきてしまい、リフォーム会社との間でトラブルになるケースもよくあります。トラブルになりやすいのは、依頼する会社の力量がわからずに、価格の安さ重視で決めたケースです。工事内容が内装だけでなく、水回りの交換や外壁にまでおよぶ場合もありますが、リフォーム会社の中には、経験が少ない専門外の工事を自社で請け負ってしまうところが存在しているからです。

もちろん、クロス（壁紙）の張り替えだけや、キッチンの交換だけを頼むなら、専門業者を探せばいいでしょう。しかし、中古住宅を購入してリフォームする場合、住宅の骨格・構造体以外の内装・設備などを解体する「スケルトンリフォーム」を行うこともあります。大規模なリフォームは、建物全体の視点から考えられる工務店やリフォーム会社（性能向上リフォームといわれる省エネや耐震などに関する知識と実績のあるところに限る）でなければ安心して任せられません。

これらの問題への対処方法は、適切な不動産会社やリフォーム会社を選ぶ以外にありません。リフォーム会社選びについては、第1部第7章「182ページ」で解説します。

後悔する理由3

「期待していた住環境と違った！」

ご近所にさりげなく聞き込み調査

「中古住宅を買って住んでみたら、期待していた住環境と違った」と後悔するケースも多いようです。

住環境にもいろいろな要素がありますが、地域コミュニティはその代表と言えるでしょう。購入後に住んでみたら、近隣住民同士でトラブルが生じていた、ご近所付き合いがあまりにも希薄だった、などというケースです。

近隣トラブルの原因には、人間関係、生活やクルマの騒音、ペットに関する問題、敷地の境界をめぐる争いなど、さまざまなものがあります。

例えば、戸建て住宅でよくあるのがゴミの問題です。住宅街では、何軒かに1カ所、ゴミ置き場が決められています。誰かの家の前になっていることが多いのですが、あの場所は行政から強制されたわけではなく、自治会や町内会、ご近所同士の話し合いの下で決められています。そのため、新しく引っ越してきた人が、当然のようにその場所にゴミを捨てることを、快く思わない人もいます。

ゴミ置き場は住民相互の助け合いの上に成り立つもの。入居前、もしくは入居が決まってからすぐに、家の前がゴミ置き場になっているお宅にあいさつに行っておくことで、無用なトラブルを防ぐことができます。自宅前がゴミ置き場だったとしても、気持ちよく協力するべきでしょう。

ただ、近隣トラブルの状況を詳しく調べることはなかなか難しいとは思います。購入検討時に不動産会社に聞いてみても、不動産会社としては他人を中傷するわけにはいかないので、無難なことしか答えられません。売り主に聞いてみても、わざわざマイナス要素を教えてはくれないでしょう。

一番いいのは、直接近隣住民に聞いてみることです。購入検討段階では何度か現地を視察する機会があるはずです。その際、近所の人を見かけたら、すかさず話しかけてみてください。「こんにちは。ここら辺はとてもいいところですね。今度引っ越しを考えているんです」「子供がいるのでうるさくするかもしれませんが……」などと切り出せば、近所付き合いの状況や同年代の子供の有無など、いろいろな情報をもらえるはずです。「あそこのお宅はこの辺一帯の地主さんだったところだから、あいさつに行ったほうがいいよ」なんて教えてくれることもあります。そのように事前に地域コミュニティの状況を把握しておくことで、購入後に後悔するリスクを減らすことができます。

マンションでも、防犯や防災、子育て環境といった観点からコミュニティは非常に重要です。中古マンションにはすでにコミュニティが形成されています。管理組合や管理人に尋ねることで、どのようなコミュニティが形成されているか、事前にリサーチできます。この点は、新築マンションにはない中古マンションのメリットと言えます。

近隣の環境は実際に歩いて調べる

ほかに住環境の要素としては、通勤・通学距離、生活の利便性、行政サービスの充実度、安全性・快適性、将来の環境変化（駅前の再開発など）といったものがあります。マンションの場合なら、管理状態の良しあしもこの中に含まれるでしょう。

このような点を確認しなければならないのは、中古住宅に限ったことではありません。また、不動産会社に聞く、市役所などに聞く、自分で何度か現地に行って確かめるなど、購入前の情報収集で把握できることばかりです。リスクヘッジのためには自ら足を動かすことが大切です。

例えば、私が自宅を買う前には、自宅から子供が通う小学校までの通学路を歩いてみました。そして歩道橋を渡った時、手すりの高さが低くて危険だと気づきました。そこで区役所に相談してみたところ、何日か後に補修することが決まったとの連絡をもらい、安心したことがあります。不安なことがあったら市役所などに相談に行ってみるのもいいと思います。

後悔する理由4

「リフォームやメンテナンスに費用と時間がかかった！」

不動産会社の情報を過信してはいけない

「購入後のリフォームやメンテナンスに、思っていた以上に費用がかかった」という不満も、中古住宅の取引ではよく耳にします。これはおそらく、リフォーム会社だけでなく、不動産会社にも問題があるケースが多いのではないかと考えられます。

中古住宅を探している人は、購入時に、不動産会社の営業担当者に「キッチンや水回りをリフォームしたらどれくらいかかりますか？」などと相談をします。営業担当者は「200万円くらいですかね」と答えます。そして実際にリフォームをやってみると、200万円では収まらず、予算を大幅にオーバーしてしまうのです。

不動産会社の営業担当者で、リフォームについての知識を持ち合わせている人は多くはありません。キッチンなら100万円、トイレなら10万円というように、ざっくりとした目安しか把握していない場合がほとんどです。購入を決意してもらうために、リフォーム費用を安めに伝えることもあるでしょう。

しかし、リフォーム費用は施工内容でまったく違ってきます。不動産会社の言うことは一つの意見として聞くだけにして、正確な費用はリフォーム会社に見積もりを取って確認することも大切です（第1部第7章「181ページ・図表21」にリフォーム費用の目安を載せていますが、あくまでも目安ですので、そのつもりで参考にしてください）。

リフォーム期間についても、当初の想定よりも長くかかることはよくあります。

大規模なリフォームになればなるほど、一つのリフォーム会社がすべての作業をするのではなく、内装や水道工事、電気工事など、部分ごとに専門の職人に委託するのが普通です。元請けのリフォーム会社の段取りがよくないと、通常なら1カ月程度で済むところが、2、3カ月かかってしまいます。

ここでもやはりリフォーム会社選びが重要になってきます。費用だけではなく、技術力や提案内容、段取りのよさを見極める必要があります。

家は一度リフォームしたら終わりではありません。継続的なメンテナンスが、住宅の資産価値の維持につながります。そういった意味では、アフターサービスが充実していて、継続的にアドバイスをもらえるようなリフォーム会社を選ぶことも大切になってきます。

後悔する理由5

「保証・アフターサービスがなかった!」

アフターサービスを提供する不動産会社も増えてきている

中古住宅の保証は、売り主が不動産会社や住宅メーカーの場合は2年、売り主が個人の場合は長くても6カ月程度。保証があったとしても基本構造部分に限られてしまいます。

そして意外と見落としがちなのが、アフターサービスがないということ。新築の場合、住宅メーカーが数年間のアフターサービスを用意していることがほとんどです。給湯器のお湯が出ない、クロスがはがれたなど、トラブル発生時にこのアフターサービスで対処してもらえます。

ところが、中古住宅では売り主が個人のケースがほとんどであるため、通常アフターサービスはなく、トラブルには自分で対処するしかありません。物件を紹介してくれた不動産会社（仲介会社）にクレームを入れても、多くの場合、相手にしてはくれないでしょう。

特に給湯器などの消耗品は、10年くらいで調子が悪くなりがちです。中古住宅の場合、入居後数カ月でいきなり壊れてしまうこともよくあります。

ではどうするか。次節で紹介する「瑕疵保険」の利用とともに、アフターサービスのある不動産会社（仲介会社）を選べばいいのです。

例えば、私が代表を務めている「価値住宅㈱」では、24時間365日対応のサポートサービスを提供しています。不動産会社が契約していれば、利用者はこのサービスを受けられます。鍵が開かない、給湯器が壊れた、ガラスが割れたなどといった時に利用でき、設備を交換した場合の実費（部品代）は必要ですが、1時間程度の工賃は無料。建て付け調整や雨戸の補修など、ちょっとしたメンテナンスサービスも実施しています。

このようなサービスがあれば、中古住宅でもトラブルの心配から解放されるはずです。

残念ながら、「売ったら終わり」がこれまでの不動産業界の慣習でした。しかし今後は、中古住宅の流通が活発化していくにつれて、こうしたサービスを導入する不動産会社は増えていくのではないでしょうか。

もしアフターサービスがなくても、「こんなサービス入れてよ」と消費者から要望があれば、不動産会社は導入を検討してくれるかもしれません。それで断られるようなら、ほかの不動産会社を探せばいいのです。

後悔しないために知っておきたい3つの仕組み

買う時だけでなく売る時にも役立つ制度

この章で紹介したような、買ってから後悔する中古住宅をつかまないために、ぜひ知っておきたい制度があります。それが「インスペクション」「瑕疵保険」「住宅履歴情報」の3つです。

これらを利用することで、「建物の品質をきちんと確認してから買うことができる」「買ってから問題が発生した場合には、その被害が補償される」など、多数のメリットが受けられます。

さらにこれらの制度は、将来マイホームを手放す際、売却活動を有利に進めるうえでも非常に役に立ちます。政府が中古住宅の流通を活性化させるために、普及を推し進めている制度でもあります。中古住宅を売買しようとする人なら、知っておいて損はありません。

建物の価値を正確に知る「インスペクション」

割安な物件を見つけたとしても、その建物に価値があるかどうかわからなければお宝物件とはいえません。建物の品質を調べるための手段が、「インスペクション（inspection：検査）」です。

住宅に精通した専門家であるインスペクター（inspector：検査士＝建築士などが務める）が行う診断サービスで、契約前に第三者による客観的な診断を受けることで、欠陥を確認し、リフォームの必要性やおおよその改修費用を把握することが可能になるというものです［図表4］。

日本ではあまりなじみのなかったサービスですが、中古住宅の流通が活発な欧米では、住宅購入前のインスペクションは常識になっています。

インスペクションを受けるタイミングは、現地を見学し、「購入してもよさそうだ」と判断できた時です。売り主の了解を取ってから、インスペクターに申し込みます。

ＮＰＯ法人日本ホームインスペクターズ協会［https://www.jshi.org/］のホームページで、インスペクターを検索しておくとよいでしょう。

申し込み後、検査日時を決め、売り主の立ち会いの下で検査が行われます。当日は、屋

図表4◆インスペクション利用のメリット［買い主として］

◆住宅に問題がないか、専門家がチェックすることで安心して購入・居住することができます。
◆「欠陥住宅」や「買ってはいけない住宅」をつかむリスクを避けられます。
◆安心して住むために、いつ頃、どこに、どのくらいのお金をかけてメンテナンスすればよいか、見通しをたてることができます。
◆住宅の修繕箇所、改善点などについて、売主側にも根拠を持って知らせることができます。
◆中立な立場で公正な診断を行うことにより、売主側との関係を損ねることなく、対応や説明を求めることができます。
◆住宅の構造、設備など、本質的な性能がわかります。
◆買主・住まい手の立場からみた報告やアドバイスを受けられます。
◆ホームインスペクションの報告書を、住宅の資産価値を保つための「家の履歴書」として残すことができます。

出典：NPO法人日本ホームインスペクターズ協会ホームページ

根、外壁、室内、小屋裏（屋根裏）、床下などの劣化状態を主に目視で診断します。別料金になることもありますが、より詳細な診断を受けることもできます。

例えば戸建て住宅の調査では、「基礎のひび割れ」の有無や、「床・壁の傾き」「バルコニーのひび割れ・劣化」「雨漏りの実態や形跡」といった点をチェックします。

マンションなら、「共用廊下・バルコニーのひび割れ」の有無をチェックし、築年数によってはコンクリート圧縮強度試験を行います。

インスペクションの費用は建物の大きさや会社によりますが、目視を主体とした診断の場合、3万～7万円程度が目安になります。所要時間は、住宅の規模や調査範囲にもよりますが、建物面積が30坪（100平方メートル）程度で2～3時間です。

診断後数日すると、詳細な報告書が送られてきます。この報告書で建物の健康状態を知ることができるため、購入の判断材料や価格交渉の材料になるだけでなく、リフォームの見積もりを依頼する際の材料としても活用できます。

インスペクションの結果を見て、「やはり買うべき家ではなかった」と判断したなら、購入を取りやめればいいのです。検査料はかかりますが、知らずに欠陥住宅を買ってしまう失敗に比べたら安いものです。

将来、物件を売る際にも、インスペクションの活用を考えるべきでしょう。インスペクションの報告書を購入希望者に見せることで、建物の状況を知ってもらうことができ、不安材料を取り除くことができるからです。

近年、本来のインスペクションのほかにも、もう少し簡易なインスペクション制度も始まっています。

２０１８年４月施行の改正宅地建物取引業法によって、不動産業者（宅地建物取引業者）が媒介契約（買い主や売り主と宅地建物取引業者の間で締結する仲介に関する契約）を結ぶ際に、顧客（買い主や売り主）に対して「建物状況調査」についての説明（建物状況調査を実施できる業者をあっせんできるかどうかなどについての説明）などを行うことが義務化されました。この「建物状況調査」が簡易なインスペクションとして普及し始めています。

あえて「簡易」と表現したのは、「建物状況調査」では検査に際して、床下や屋根裏の点検をしたくても点検口がなかった場合、その部分は「検査ができなかった」と報告すればよいとされているためです。しかしそれでは、シロアリ被害や雨漏りの有無まで把握できない場合が出てきます。

一方、本来のインスペクションでは、床下や屋根裏の点検口がないなら、点検口を作ってきちんと検査することを推奨しています。また、さまざまな機械を使って詳細に調べる場合もあります。

この簡易なインスペクションと表現させていただいた「建物状況調査」ですが、義務化の背景には、これまでの中古住宅の取引では「現状有姿売買」という「見たまま」で消費者に購入させてきたという不動産業界の実態があります。そうした悪しき慣習を変えるために、「まずは『検査を行うかどうか』という提案をする」という意味においては一定の価値があり、消費者も最低限のリスクを回避できるようになりつつあります。

しかし、「建物状況調査」と本来のインスペクションでは、「顔色だけで健康状態を推測する」と「人間ドックで健康状態を判断する」くらいの大きな差があります。

せっかくお金を払って調査をするなら、仮に「建物状況調査」であっても、床下や屋根裏の確認はすべきでしょう。

安心だけでなく減税もついてくる「瑕疵保険」

新築住宅には、売り主である住宅メーカーや施工会社が10年間の「瑕疵保証」をつけることが義務づけられています。この保証期間に瑕疵（欠陥）が見つかった場合、買い主は売り主に対して損害賠償を請求したり、売買契約を解除したりもできます。

中古の場合も、売り主が不動産会社の場合、2年間の保証をつけることが義務づけられています。保証される箇所は、柱や基礎、土台といった「構造耐力上主要な部分」と、屋根や外壁といった「雨水の浸入を防止する部分」です。

問題は売り主が個人である場合です。中古住宅では個人から個人へ住宅が売り渡される取引がほとんどですが、この時の保証期間は契約内容によってバラバラで、最長でも6カ月、最短ではゼロのこともあります。中古住宅で売り主が個人の場合、瑕疵担保保証をつけるかどうかは当事者間の合意によります。多くの場合で「瑕疵担保免責」、つまり保証なしでの売買となっているのが実情です。売った後まで責任を負いたくないと考える売り主が多いからです。これでは買い主は怖くて手を出すことができません。

そこで登場したのが、「既存住宅売買瑕疵保険」（以下、瑕疵保険）です。

中古住宅の瑕疵保険を利用することで、引き渡し後に発生した構造的な不具合に対して、最大1000万円までの補修費用が最長5年間保証されます。保険の対象となるのは、柱、基礎、土台などの「構造耐力上主要な部分」と、外壁、屋根などの「雨水の浸入を防止する部分」で、給排水管などの保証を追加することもできます。

瑕疵保険付きの中古住宅であれば、買い主としては、購入後に欠陥が発覚した場合でも保険で対応してもらえるので、安心して購入に踏み切れます。

また瑕疵保険は、住宅ローン減税の申請時に、新耐震基準に適合していることの証明として使えます。

購入後の欠陥発覚のリスクを保険でカバーすることができ、かつ節税にもつながるわけですから、買い主としては、瑕疵保険の利用をぜひ考えたいところです。

瑕疵保険を利用するには、専門の機関に検査をしてもらい、合格しなくてはなりません。検査で補修すべきところが見つかった場合は、引き渡し前に補修のうえ、再検査で合格する必要があります。

検査が可能な機関は、一般社団法人住宅瑕疵担保責任保険協会の「登録事業者等の検索サイト」[http://search-kashihoken.jp/]で検索できます。先ほど紹介した本来のインスペクションを提供している会社の中には、インスペクションと同時に瑕疵保険検査を提供しているところもあります。

購入したい物件が見つかったら、できればインスペクションとセットで瑕疵保険検査も実施してもらいましょう。同日に検査をしたほうが売り主の手間も減ります。

検査では「基礎のひび割れや欠損の状況」「外壁の防水措置の状況」「小屋裏の状況」などを確認します。検査にかかる時間は2時間程度。その後数日で検査結果が送られてきて、瑕疵保険を利用できるかどうかが決まります。


検査が終わり、購入を申し込んで、売買契約を結ぶことができたら、瑕疵保険の利用手続きをします。その際には4万~8万円の保険料がかかります。費用は売り主と買い主のどちらが負担してもかまいませんが、買い主が負担するケースが多いようです。

ちなみに、個人間の中古住宅の売買を仲介している不動産会社の中には、条件を満たした物件に限り、無償で瑕疵保証を行っているところもあります。ただし、その保証内容が瑕疵保険と同等であるかは、そのようなサービスを行っている不動産会社に確認してください。

健康診断の記録である「住宅履歴情報」

知っておきたい制度の3つめが「住宅履歴情報」です。住宅履歴とは、住宅の設計、性能、施工、維持管理、メンテナンスに関する情報のことを指します。「いつ、誰が、どのように設計・施工したか」「どんな建築材料を使っているか」「どんな修繕、改修、リフォームを行ったか」などの情報がきちんと残っている住宅であれば、素性がハッキリしているといえます。建物の性能やリフォームの状況をより正当に評価できるだけでなく、建物を大切にしてきたオーナーの姿勢も垣間見ることができます。

住宅履歴は、人の身体でいえば「カルテ」、自動車でいえば「車検証」や「整備記録」のようなものです。車検証や整備記録のないクルマを誰も買わないように、住宅にも履歴が残っていなければ、本来買うべきではないのです。

したがって購入時には、住宅履歴がある中古住宅を選びたいところです。ただし現状では住宅履歴がある中古住宅はごくわずかです。住宅履歴という仕組みがまだまだ普及し始めたばかりだからです。

とはいえ今後は、住宅履歴が整備された住宅が増えていくことになるでしょう。国土交通省が中古住宅の流通を促進する施策の一つとして、住宅履歴の整備を進めているからです。例えば「長期優良住宅」の認定住宅には、住宅履歴の保存が義務づけられています〔189ページ参照〕。

したがって、住宅履歴がない住宅を買ったとしても、購入後からでいいので、リフォームなどの履歴をすべて残すようにするべきです。その住宅履歴が、将来の売却時に、買い主に対して提供できる安心材料になるからです。

これから住宅履歴を整備する場合は、まず住宅に関するあらゆる書類や情報を集めます。戸建てなら、建築確認に関する書類、住宅性能評価書、新築時の各種図面や書類など。マンションの場合は、建築確認書類や図面、マンション管理組合の規約や長期修繕計画などがあります。住宅を購入する際には、買い主からこれらの書類・情報の提供を受けるようにしましょう。

維持管理段階の情報としては、維持管理計画書や点検・診断の際の書類、修繕・改修・リフォームを行った際の書類・図面・写真などがあります。加えてマンションでは共用部分に関する情報も集めましょう。

こうして集めた情報を、住宅メーカーや設計事務所などが保存してくれる場合もありますが、あくまでもこの情報は住宅所有者のものです。一般社団法人住宅履歴情報蓄積活用・推進協議会に加盟する「住宅履歴情報サービス機関」に、電子データとして蓄積してもらうこともできます。「住宅履歴情報サービス機関」は、この協会のホームページ［http://www.iekarute.or.jp/］の「会員名簿」で確認できます。

費用は機関によってまちまちですが、年間1000円程度からあります。住宅を購入した人も、これから住宅の売却を検討している人も、なるべく早く住宅履歴情報サービスに登録することをおすすめします。

第2章 知らないと損をする「不動産の価格」のカラクリ

1 中古住宅の建物の価値は築年数だけで判断されている

そもそもお宝物件とは？

中古市場には磨けば光る、ダイヤモンドの原石のようなお宝物件がたくさん眠っています。

私が考えるお宝物件とは、プロローグでもご紹介した、「価格」以上の「価値」がある物件のことです。反対に言えば、確かな価値があるのに、割安な価格がつけられている物件です。

そんなお宝物件の探し方のコツは第1部第5章で解説しますが、ここではまずお宝物件がある理由を説明しておきましょう。

その秘密は、住宅市場の価格の決め方にあります。実は、日本の不動産市場は、中古住宅の建物の価値を適切に判断されるところまで成熟していないのです。

木造なら築20年を超えた中古住宅の場合、建物の価値は「0円」と判断されるケースがほとんどです。つまり、土地代金分の価値しかないというのです。

しかし、これはあまりに大ざっぱな考え方です。築20年を人間で例えれば40歳くらいでしょうか。同じ40歳でも、身体を鍛えてきちんとした食生活を送っている人と、ろくに運動もせずに暴飲暴食を続けてきた人とでは、健康状態はだいぶ違うはずです。建物もこれと同じで、きちんとメンテナンスをしていれば、木造でも50年以上は住めるものです。

マンションのような鉄筋コンクリートでも築30年を超えると、途端に需要がないと不動産会社が決めつけてきます。原因は、単純にこれまで築30年超の物件ストックが少なく、

図表5◆築31年以上の中古住宅の取引が増えてきている

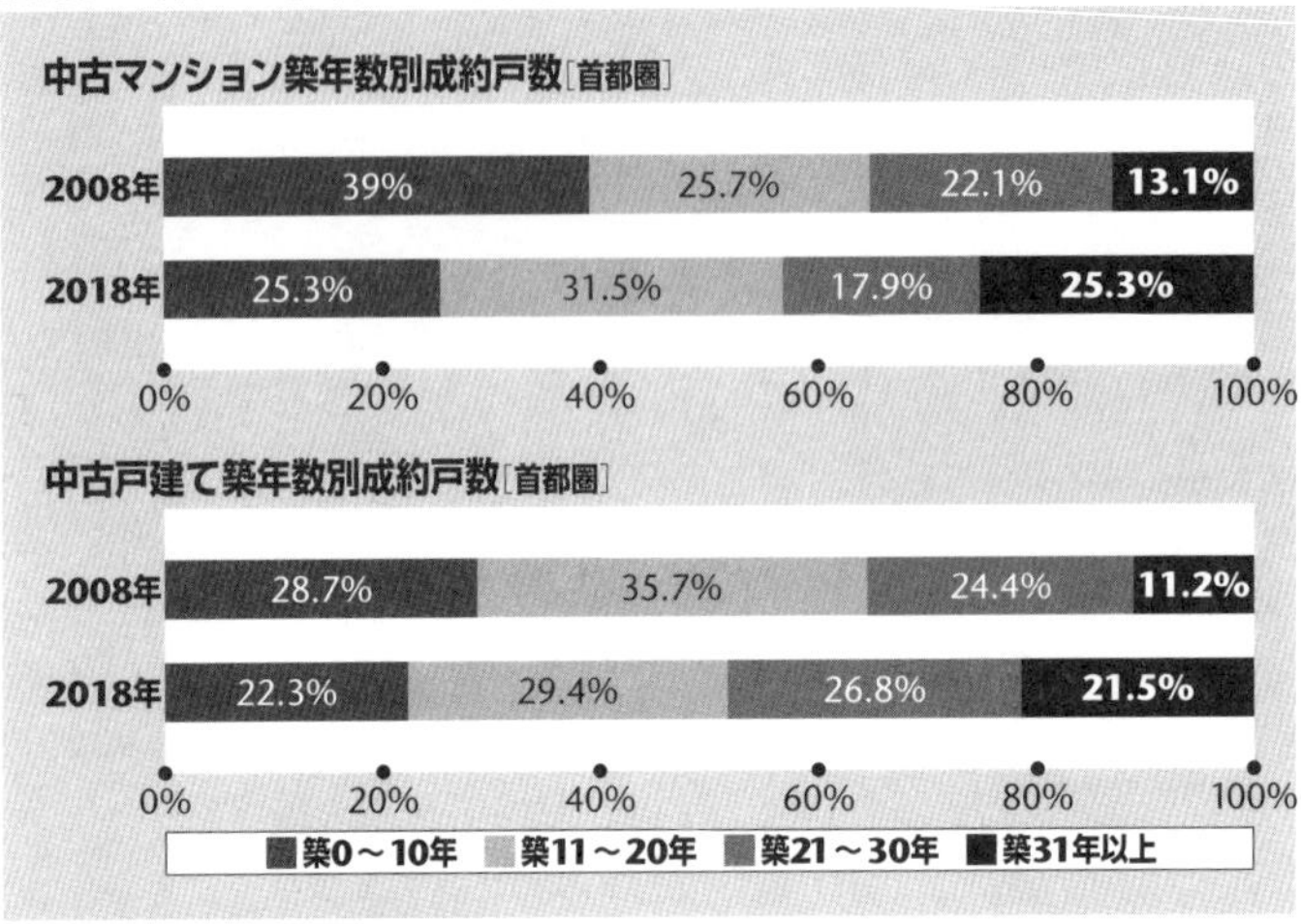

出典：公益財団法人東日本不動産流通機構

取引されていなかったためです。確かに、**図表5**にあるように２００８年に首都圏で成約した中古マンションのうち、築31年以上の物件の割合は全体の13・１%しかありませんでした。ところが、10年後の２０１８年には、築31年以上の物件の成約割合が倍近い25・３%にもなっていることからも、実際の市場が大きく変化していることがわかります。

また、もともと頑丈な人もいれば、そうでない人もいるように、建物も施工の良しあしで頑丈さが変わってきます。マンションであればどのような施工をしたか、戸建てであれば建売住宅か注文住宅かでも、建物の寿命に差が出てくるのです（最近の建売住宅には質のよいものも増えています)。

このように建物は一つ一つ違うのに、築年数だけで判断され、価格が決められてしまっているのが日本の住宅市場の現状です。これが、まだまだ十分に住めるのに割安な価格がつけられてしまうお宝物件がつくり出される理由です。

私はこれまで数多くの中古住宅の取引をサポートしてきた経験から、全体の中でのお宝物件の割合は1割程度だと感じています。10軒探せば1軒は掘り出し物に巡り合うことができるわけですから、そう難しいことではありません。

今後、お宝物件は減っていく⁉

ただこうした状況も、少しずつ変わり始めています。今、国土交通省は、新築住宅が中心になっている日本の住宅市場の現状を変えるための政策を進めています。「ストック重視」、つまり中古住宅を手直ししながら大事に使っていく方向への転換です。

具体的には、前章「**43～53**ページ」で紹介した「インスペクション」や「瑕疵《かし》保険」「住宅履歴」のほか、「長期優良住宅化リフォーム(第1部第7章「**188**ページ」で解説します)」といった制度を推進しているのです。

また、不安、汚い、わからない、といった中古住宅のマイナスイメージを払拭するために、新耐震基準に適合する「瑕疵保険検査の合格」「リフォーム実施済みまたはリフォームプラン付き」「住宅履歴情報等の公開」の住宅に対して、国による「安心R住宅」のマークを付与する仕組みも始まりました。

こうした法整備や制度により、「木造であれば、10年経ったら半額、20年経ったらゼロ」「鉄筋コンクリートでも30年経ったら売りづらい」などというように十把一絡げで決まっていた住宅の価値が、今後はきちんと区別して評価されるようになっていくはずです。

例えば、同じマンション内にある部屋でも、定期的にメンテナンスをしていた人の部屋と、買ってから手入れをしていない人の部屋では、物件価格に大きな違いが生じるようになるということです。

ただし、現状はまだ制度改正が始まったばかり。そのような流れを理解し、消費者に提案できている不動産会社はほぼありません。相変わらず、「木造は10年経ったら半額、20年経ったらゼロ」「マンションは築30年経ったら売りづらい」と一律的に価格設定をしている業者がほとんどです。

逆に考えれば、買いたい人にとってはこの過渡期が最初で最後のチャンスです。過去にきちんと手入れを行い、構造もしっかりした価値ある建物がタダ同然（土地代金のみ）、で売りに出されているケースがまだまだあるからです。

ただ今後は徐々に、多くの不動産会社や売り主たちにも「瑕疵保険」や「インスペクション」「住宅履歴」などの必要性が認知されるようになっていくでしょう。その結果、中古住宅の建物の価値に沿った価格付けがされていない状況が次第に是正され、適正価格の物件が増えていき、お宝物件は減っていくと考えられます。

だからこそ、普及するまでの期間がお宝物件を探すチャンスなのです。

❷ 新築物件の資産価値は買った瞬間に2割も下がる

新築である期間はほんの一瞬

32ページで紹介したように、日本で流通する住宅の大半は新築で、日本には新築が好きな人が多いようです。

しかし、市場価値という観点で見れば、新築である期間はほんの一瞬です。つまり、人が住んだ瞬間に、その物件は市場では中古と判断されてしまうのです。そして、新築住宅が中古になった途端に、価格が2割ほど下がると言われています。

新築物件を買った人からすれば「冗談じゃない！」と怒りたくなるような話ですが、事実です。

では、なぜ2割も価格が下がってしまうのでしょうか。

新築物件は、不動産会社や住宅メーカーが土地を仕入れて、その上に建物を建てて販売します。この時、まず土地の仕入れ費用や建物の建設費がかかります。さらに販売する際、広告宣伝費やパンフレット・DM（ダイレクトメール）などの制作費、モデルルームの建設費・運営費、販売会社への手数料などといったさまざまな経費がかかってきます。そして最後に、利益を乗せます。

つまり、新築物件には、不動産会社や住宅メーカーの利益や経費など、実際の資産価値（土地＋建物の価値）とは関係のない費用がたくさん上乗せされているのです。そして、さらには日本人の新築好きに乗じたプラスα価格である「新築プレミアム」までもが上乗せされて販売されるのです。

頭金なしで新築を買うのは危険

万が一、新築物件を買ってすぐに売らなくてはならなくなった場合の物件価格は、新築の購入価格から前述した「経費」や「新築プレミアム」分を引いた価格にならざるを得ません。

そのため、新築を買う場合には、少なくとも「経費」や「新築プレミアム」程度は頭金を用意したほうがいいでしょう。プロローグ［14ページ］で説明したように、仮に、新築をフルローン（頭金なしで購入費用をすべてローンでまかなう買い方）で買ったとしたら、その後しばらくは、ローン残高が資産価値を上回る債務超過の状態になってしまうからです。これは家計の健全性という意味では危険な状態です。

新築を買ってすぐに売る人はそうそういるものではありませんが、1年後や2年後に売らなければならなくなる人は少なからずいます。離婚や相続、転勤などの事情がある人です。そういう人は、大幅な損失覚悟で手放すことになってしまいます。

❸ できるだけ安く価格設定したい不動産会社

中古住宅の価格の決まり方

中古住宅の価格は「取引事例比較」で決まります。対象となる不動産と条件が類似する物件の取引事例を調査して、その利点や欠点を比較評価し、最終的な価格を決めるという方法です。

と書くと難しそうですが、実際には「近隣のあの物件が25坪・4000万円で売れたなら、こっちはそれよりも広くて駅からも近いから4500万円かな」と、売り主から相談を受けた不動産会社が経験と勘で決めているのが実態です。

そして、売り主側の不動産会社は価格を決める際、「売り主のために少しでも高い価格で売ろう」などとは考えていません。意外かもしれませんが、「できれば、自社で早く買い主を見つけ、売り主・買い主双方から手数料をもらいたい。そのためにはできるだけ安く価格設定したい」というのがホンネです（手数料の仕組みと安く価格設定したい理由については次節で説明します）。

ただし、売り主にしてみれば、少しでも高く売りたいに決まっていますから、物件が最初から安い価格で出てくることはまれです。

実際には、不動産会社と売り主が「値下げを要求された場合、100万円引きまでなら手を打つ」などと事前に話し合っておき、値下げ前の価格で売りに出す傾向にあります。こうすれば多少の値下げにも対応でき、買い主側のお得感も満足させられて契約が成立しやすくなるからです。

物件価格が高止まりするケース

もちろん、売り主の強い意向で価格が決定される場合もあります。

よくあるのが、新築マンションをフルローンで買い、築浅（築年数が短い状態）のまま手放すことになったケースです。不動産会社に4000万円と査定されても、住宅ローン残高が4200万円あれば、売り主は4200万円以下では売りたくありません。このような時は、売り主の意向で相場よりも高めの値付けがされ、買い主が現れるのを待つことになります。

本来、不動産には一つとして同じものはありません。類似する物件の取引事例を参考にしても、条件は微妙に異なるので、正確に比較できるわけではありません。また建物の状態も千差万別です。同じマンションの隣同士の部屋でも、メンテナンスの頻度や管理状態によって物件の質はまったく異なってきます。

逆に考えれば、そのように適切に比較する尺度がないからこそ、お宝物件が残されているると言えるのです。つまり、管理状態がよく良質な建物なのに、周辺相場の影響を受けたり、不動産会社の勝手な判断によって割安になっていたりする物件が残されているということです。

❹ 不動産会社の仲介手数料は上限が決められている

売り主と買い主から仲介手数料をもらえたほうが得

不動産会社による仲介には2つのケースがあります。買い主と売り主の間に1社の不動産会社が入る場合［**図表6のA**］と、売り主側と買い主側のそれぞれに不動産会社がいる場合［**図表6のB**］です。

Aのケースでは、この不動産会社は買い主と売り主の両方から仲介手数料を受け取ることになります。不動産の業界用語では「両手」と呼ばれています。

Bのケースでは、不動産会社がもらえる手数料は買い主か売り主のどちらか一方からだけになり、この場合は「片手」と呼ばれます。

当然、不動産会社はうま味のある「両手」取引をしたいと望みます。

しかも、不動産会社の仲介手数料はその上限が法律で決められていて、「物件価格×3％

図表6◆取引形態で異なる不動産会社の手数料収入

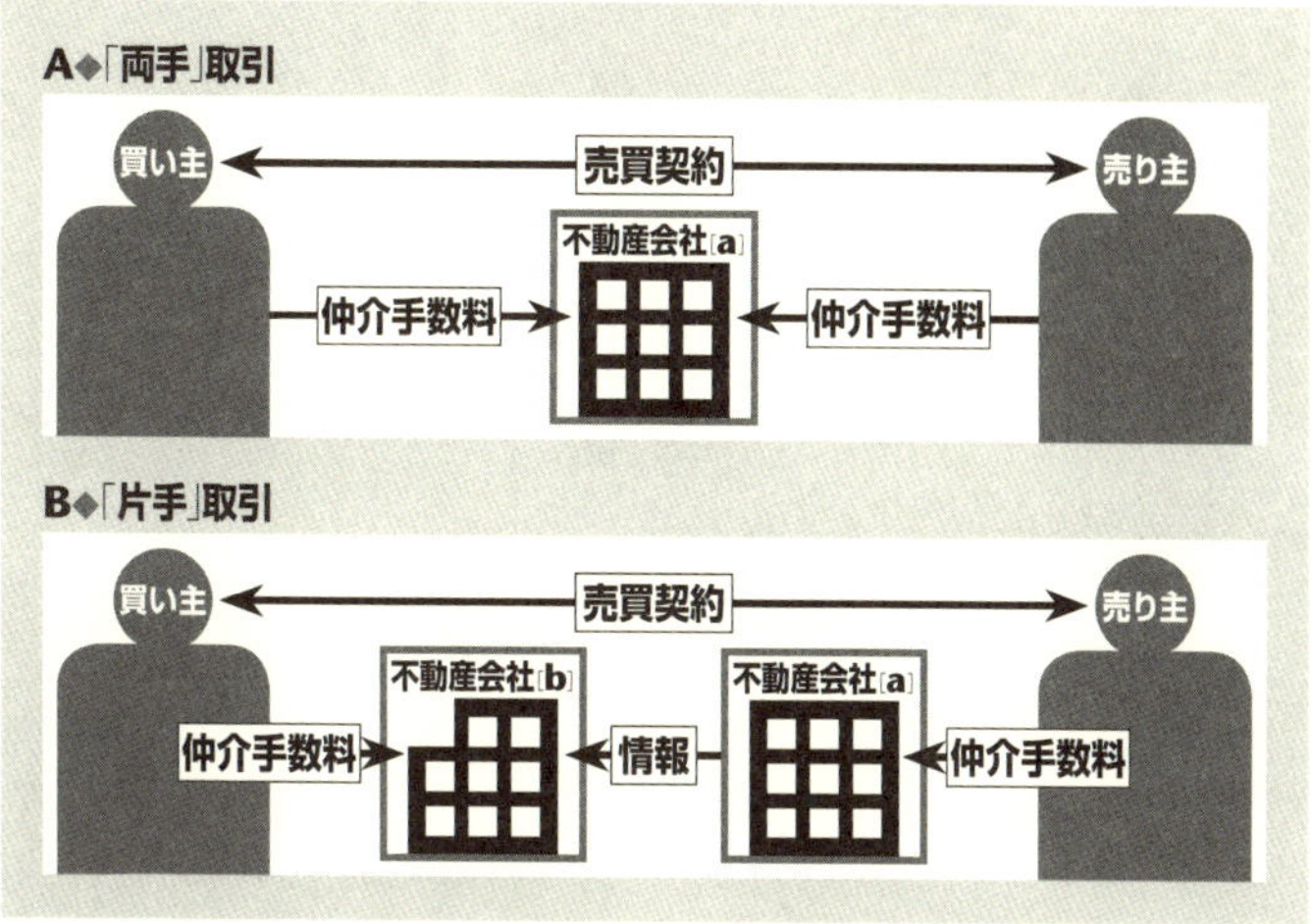

＋6万円（別途消費税）」までしか請求することができません（400万円以下の物件では計算式が若干変わります）。この金額（計算式）は、売るのを仲介した場合も、買うのを仲介した場合も変わりません。

　例えば、売却を依頼された3000万円の物件を、頑張って3200万円にして売ったところで、手数料収入は6万円増えるだけ。一方、「両手」取引ができれば、「片手」取引の2倍の手数料が入ります。だから、不動産会社は、自社でいち早く買い主を見つけやすいように、できるだけ物件価格を安く設定したいと考えるのです。

　さらに悪質な不動産会社の中には、両手取引を成立させるため、物件情報を業界の情報ネットワークシステム「レインズ」に登録しなかったり、他社から問い合わせがあっても紹介しなかったりする会社もあります。この「囲い込み」は禁止行為ですが、横行しているのが現状です。

買い手として注意すべきは、このように買い主と不動産会社の利益が相反する取引形態があることを知っておくことです。そして、不動産会社が売り主側の仲介も兼ねている物件をすすめてきた場合には、早く売ろうとするあまり客観性を欠いたことを言っていないか、よく見極めることが大切になってきます。

5 土地の実勢価格は「路線価」から算出する

路線価なら調べやすい

土地には、同じ場所であっても複数の価格が存在します。「公示地価」「路線価」「固定資産税評価額」などです。公示地価は国土交通省、路線価は国税庁、固定資産税評価額は各市町村が公表しています。

公示地価を100とすると、路線価は80程度、固定資産税評価額は70程度の価格がつけられています。

そして、実勢価格（実際に売買される金額）は「公示地価×110％」でおおむね見当がつきます。

ところが、公示地価は代表的な土地にしかつけられていません。そこで、不動産取引では、路線価を参考にします。路線価は市街地を形成する地域の土地は網羅しているからです。

図表7◆路線価図［例］

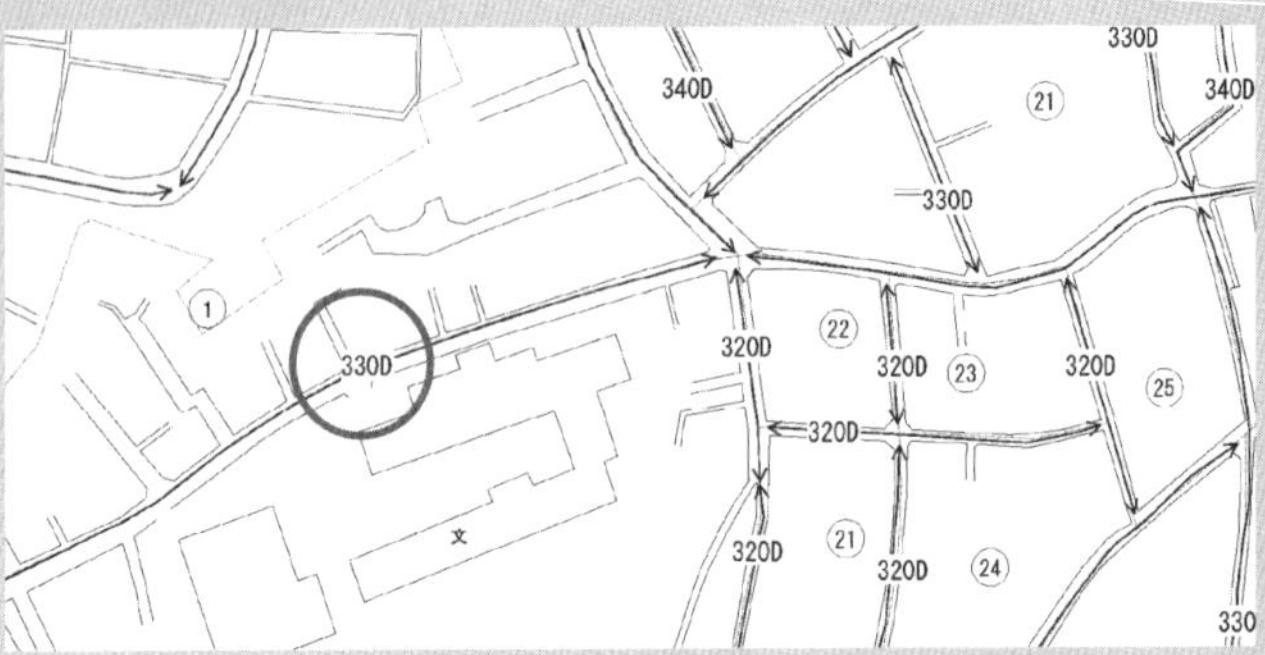

国税庁のホームページ［http://www.rosenka.nta.go.jp/］**で、全国の路線価を調べられる。例えば、「330D」とは、その道路に面した土地の1平方メートルあたりの路線価が「330千円（33万円）」であることを示している。**

路線価から実勢価格を割り出すには、「路線価÷80%×110%」で計算します。

路線価は、各地の税務署や国税庁のホームページ［http://www.rosenka.nta.go.jp/］で調べることができます。

図表7をご覧ください。これは実際の路線価図で、道路に「330D」という数字が書かれていますが、これは、その道路に面した土地の1平方メートルあたりの路線価が330千円（33万円）であることを意味しています（路線価の詳しい見方については、国税庁ホームページに解説があります）。ただし、対象の土地が不整形であったりするなど、個別の要因が最終的に加減されますので注意する必要があります。

6 坪単価はあてにならない

坪単価が安いのには理由がある

住宅の価格を表す指標の一つに坪単価があります。1坪（約3・3平方メートル）あたりの価格のことで、住宅購入の際には、周辺相場と比較するのに用いられます。お客さまの中でも、インターネットや不動産広告で周辺の平均的な坪単価を事前にリサーチしていて、案内された物件の坪単価を気にされる方がいます。

しかし私は、坪単価はあまり気にしないほうがいいと考えています。周辺の坪単価は、あくまでも参考にすぎません。同じエリアにある同じような土地でも、広さ、接道状況（何メートル幅の道路に何メートル接しているか）、方角、日当たり、地形（土地の形）、周辺環境、用途地域（都市計画法で**図表8**のような地域ごとに用途が定められている）などに違いがあり、物件の価値は大きく異なるはずだからです。

図表8◆用途地域の種類

分類	用途地域	趣旨
住居系	第一種低層住居専用地域	低層住宅の良好な環境保護のための地域
	第二種低層住居専用地域	低層住宅の良好な環境保護を図りつつ、小規模な店舗の立地は認められる地域
	第一種中高層住居専用地域	中高層住宅の良好な環境保護のための地域
	第二種中高層住居専用地域	中高層住宅の良好な環境保護を図りつつ、一定の利便施設の立地は認められる地域
	第一種住居地域	住宅の環境保護を図り、大規模な店舗、事務所の立地が制限される地域
	第二種住居地域	住宅の環境保護を図り、大規模な店舗、事務所の立地も認められる地域
	準住居地域	道路沿道の業務の利便を図りつつ、これと調和した住宅の環境を保護する地域
商業系	近隣商業地域	近隣住宅地の住民のための店舗、事務所などの利便の増進を図る地域
	商業地域	店舗、事務所などの利便の増進を図る地域
工業系	準工業地域	環境の悪化をもたらす恐れのない工業の利便の増進を図る地域
	工業地域	工業の利便の増進を図る地域
	工業専用地域	もっぱら工業の利便の増進を図る地域

坪単価が安い物件には理由があります。接している道路の幅が狭かったり、地形がいびつだったり、日当たりが悪かったりと、敬遠される理由がある場合が多いのです。

さらに、同じ土地だったとしても、広さが変われば坪単価は変わってきます。

例えば、住宅街に200坪もあるような土地があっても、総額が高くなってしまうので、なかなか買い手がつきません。そこで、不動産会社や住宅メーカーはこれを複数の区画に分け、利益を乗せて売ります。これなら一般の人でも手が出る価格になるので、買い手がつきやすくなります。

つまり、広すぎる土地よりも適度な広さの土地のほうが、坪単価は上がることになるわけです。マグロ1本丸ごとよりも、切り身や刺身になったもののほうが、グラム単価が高くなるのと同じことです。

前章でも触れましたが、住み始めてから「住みたい環境ではなかった」と後悔するのは避けたいところ。いくら坪単価が安い物件だったとしても、住みたくない環境なのであれば、とてもお宝物件とは言えないのではないでしょうか。

7 中古住宅でも「住宅ローン減税」が受けやすくなった

住宅ローン減税の対象が拡充された

現在、税制や金利の面で、中古住宅の「買い時」と言える条件がそろっています。最も注目したいのは「住宅ローン減税の拡充」です。

住宅ローン減税とは、住宅取得支援のための制度で、家を買って住宅ローンを組むと、毎年末のローン残高に応じて、一定額の所得税が控除される仕組みです。年収や所得が多い人ほど減税効果は大きくなります。

この制度で、中古住宅の購入に有利な制度変更がされたのです。

本来「木造なら築20年以内・鉄筋コンクリートなら築25年以内の物件」でないと住宅ローン減税が受けられませんでした。一応、一定の耐震基準を満たすことが証明できれば、さらに築年数の経った住宅も減税が受けられるようにはなってはいましたが、その一定の耐震基準に適合することが制度上難しい場合が多く、実際には築年数の浅いものしか減税の対象となっていなかったのです。

しかしこれでは、耐震性に優れた中古住宅であっても、制度上減税が受けられない状況であったため、2013年より一定の耐震基準の範囲に「瑕疵保険」への加入が追加されるなど、より実態に合った住宅ローン減税制度になるように制度改正が進められてきました。

この住宅ローン減税については、次章「**98**ページ」で詳しく解説します。

⑧ 中古住宅を個人から買えば「消費税」がかからない

消費増税分の負担増を軽減する施策も！

住宅の購入費用には、消費税がかかる場合とかからない場合があります。
消費税がかかるのは、宅地建物取引業者（不動産会社）などの課税業者から買う場合のみです。さらに、土地と建物のうち、建物代だけに消費税がかかり、土地代にはかかりません。

したがって中古住宅を個人から買う場合は、消費税は非課税（ゼロ）です。中古住宅の個人間売買であれば、消費税アップを心配する必要はほとんどありません（手数料などは除く）。

一方、不動産会社などから買うケースでは建物代に消費税がかかってきますが、消費税アップによる負担を軽減する措置として、「住宅ローン減税」の控除額の上限が、

2014年4月以降、以前の倍に引き上げられています。控除額は年収や住宅ローン借入額によって異なりますが、最大400万円戻ってくることになります。

また、住宅を買った人に対して、最大で50万円（消費税が10％時）が戻ってくる「すまい給付金」もスタートしています。

「住宅ローン減税」と「すまい給付金」を利用することで、消費税の負担増をカバーできてしまうことになり、中古住宅を購入する際に、消費税アップを恐れる必要はほとんどないと言えます。詳しくは次章「**98**ページ」の解説をご覧ください。

9 物件価格以外に「諸費用」が200万円以上かかる

諸費用分くらいは用意しておきたい

不動産を購入するには、物件価格以外にも多くの諸費用（税金や手数料）がかかります【図表9】。

まず、不動産会社に支払う「仲介手数料」が必要になります。66ページで紹介した「物件価格×3％＋6万円（別途消費税）」が上限と定められています。

また、「不動産登記をする際の登記費用」「売買契約書に貼る印紙代」「消費税（売り主が個人の場合は不要）」「金融機関に払う融資事務手数料」「住宅ローン保証料」「火災保険料」など、物件購入時には細々とお金がかかってきます。

物件購入時だけでなく、物件購入後にかかる税金もあります。さらに、「引っ越し費用」のほか、「新しく購入する家具・電化製品の費用」や「リフォーム費用」も必要になるか

図表9◆中古住宅購入時の諸費用＊1［例］

事例◆図表2［18ページ］の物件を売り主（個人）から4700万円で買った場合
物件◆中古マンション（築21年）
専有面積◆76m²
物件価格◆4700万円（消費税なし／売り主＝個人）
固定資産税評価額◆建物631万円、土地1282万円（持分割合）
住宅ローン（民間融資＊2）◆借入金額4500万円（元利均等＊3、35年）

	項目	金額
登記関係	土地・建物所有権移転登記	21万5300円
	抵当権設定登記	4万5000円
	登記手続報酬（司法書士）	12万円
融資関係	融資事務手数料	3万2400円
	住宅ローン保証料	92万7000円
	団体信用生命保険料	0円
	融資契約書印紙代	2万円
その他	売買契約書印紙代	1万円
	仲介手数料（消費税10%含む）	161万7000円
	火災保険料＊4	7万円
	インスペクション代＊5	5万円
	瑕疵保険料＊6	5万円
合計		315万6700円

＊1 物件代金以外に購入時かかる費用。
＊2 融資については、都市銀行を想定。
＊3 返済方法には「元利均等」と「元金均等」の2通りがある。
毎回の返済額が均等になる元利均等に対し、
元金均等では当初の返済額が多くなる代わりに返済総額が少なくなるが、
元利均等による返済が一般的。
＊4 火災保険は10年分一括で計算。
＊5 46ページを参照。
＊6 50ページを参照。

もしれません。マンションの場合は「管理費・修繕積立金」「駐車場代」なども考えておかなければなりません。

よく、「住宅を買うのに頭金はいくら必要か」という議論がありますが、仮に現金が200万円あったとしても、それは諸費用で消えてしまいます。頭金とは別に、諸費用としてある程度の金額を用意しておく必要があります。

金融機関の諸費用ローンを使うという手もありますが、過剰債務になる恐れがあるので慎重に判断する必要があります。

第3章 狙える価格帯がわかる「住宅ローン」の仕組み

1 住宅ローンはいくらまで借りられるか

「借りられる」と「返せる」は違う

お宝物件を探し始める前に、まずは住宅購入資金のめどを決める必要があります。そのために、自分がいくらくらい住宅ローンを借りられるのか知っておきましょう。

住宅の本などに「住宅ローンの目安は年収の5倍」などとありますが、銀行が融資を判断する際の計算式はもう少し複雑です。84ページの計算式［図表10］に年収をあてはめて計算してみましょう。ここでの年収とは手取り額ではなく支給総額のことを指します。

この式で計算すると、例えば年収500万円・44歳の人なら、3764万円借りられることになります。年収の7倍程度の水準です。「意外にたくさん借りられるな」と思った人もいるかもしれません。

ところがここに落とし穴があります。仮に金利1％・35年で3764万円を借りたとすると、月々の返済額は約10・6万円。年収に対する返済負担率は約25％です。

一方、年収ではなく、手取り額（年収総額の約75％）に対する返済負担率を計算すると、約34％になってしまいます。つまり、手取り給与の3割以上を毎月支払っていくことになるわけで、これは厳しい水準と言えるのではないでしょうか。

不動産会社の担当者は通常、金融機関が試算した借入可能額の上限いっぱいまで借りることをすすめてきます。しかし、「借りられる額」と「支払える額」は違います。給与が増えない時代に、目いっぱい借りてしまうのは危険です。

手取り額に対する返済負担率はできれば30％以下に収めて、そこから逆算して借入額を決めるのが安全な方法です。

夫婦でローンを組む場合も借りすぎに注意！

夫婦で働いている場合、２人の年収を合算して住宅ローンの借入額を増やすことができますが、これも気をつけたほうがいいでしょう。

もし夫が住宅ローンの申込者で、妻の年収をあてにして限度額いっぱい借りてしまうと、夫の会社が倒産したり、妻が産休で働けなくなったりといった不測の事態が起きた時に対応が難しくなります。そういったリスクに備えて、住宅ローンを借りる時は、主たる生計者の年収に合わせて借りて、もう１人の収入は内入れ返済（一部繰り上げ返済）のために使うことを考えたほうが得策です。

内入れ返済は絶対にやらなければならないものと考えてください。もし例のように44歳でローンを借りたら、返し終わるのは80歳です。定年を過ぎても住宅ローンを返し続けるのは無理があります。定年前までに返し終わるように、妻の収入があるうちに、随時内入れ返済をしていくことをおすすめします。

現在、住宅ローン金利は史上最低レベルであるため、無理して内入れ返済せずに、借りておいたほうが得だという考えもあります。低金利のローンは借りたままにして、不測の

図表10◆借りられる金額を計算しよう

年収（総額）＿＿＿円 × 返済負担率 40%［年収400万円未満は35%］ ÷ 12（カ月）

÷ 0.004427［借入期間35年］／0.004774［借入期間30年］／0.005278［借入期間25年］ ＝ 借入可能額＿＿＿円

＊借入期間は、最終返済時の年齢が満80歳未満で、かつ最長35年以内。
＊現時点での標準的な計算方式による。金融機関によって違いがある。
＊クルマのローンやすでに住宅ローンを支払っている場合、
ほかに借入がある場合は金額が減少することがある。

例

年収500万円、44歳、35年返済の場合
5,000,000円×40%÷12÷0.004427＝約37,640,000円

年収700万円、49歳、30年返済の場合
7,000,000円×40%÷12÷0.004774＝約48,870,000円

事態に備えて現金を残しておくべきだということなのでしょう。もちろん、こうした現金分配をできる方はそれも一つの方法ですが、実際にはそのように内入れ返済をせずに、現金をうまく残せる方は数少ないのが実態です。

なお、ここで提示した計算式は金利の状況や金融機関によって多少異なるので、あくまでも参考程度にお考えください。より詳しく知りたい方は、金融機関の住宅ローン担当者に問い合わせれば教えてくれるはずです。

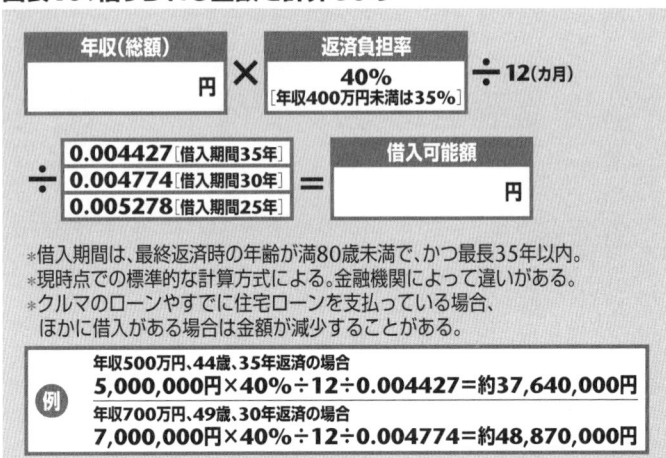

❷ 頭金はいくら用意すればいいか

中古住宅なら頭金なしでもいい

住宅ローンを利用して住宅を購入する際の頭金について、かつては「物件価格の2割は必要」と言われていました。その理由は、かつて存在した住宅金融公庫（現在の住宅金融支援機構）の長期固定金利住宅ローンの借入可能額が物件価格の8割までであったり、銀行の融資金額も物件代金全額ではなかったため、最低2割程度は頭金が必要だったからです。

しかし、現在は各金融機関も物件代金の全額つまり100％融資を行っており、2014年3月からは、住宅金融支援機構の長期固定金利住宅ローン「フラット35」を利用した場合でも、物件価格の全額を借りられようになるなど、頭金なしで住宅を買えるようになりました。

ただし、前章［60ページ］でも説明したように、新築住宅を頭金なしで買うと、買った途端に2割ほど価値が下がってしまいますから、債務超過（物件の資産価値よりもローン残高のほうが大きい）の状態に陥ってしまいます。

その点、資産価値相応の価格で購入できる中古住宅であれば、頭金なしのフルローンで買っても、新築のようにいきなり債務超過に陥る心配はありません。ですから、頭金を用意できないケースでも、中古住宅なら購入を検討しやすいと言えます。

もちろん、頭金がたくさんあるに越したことはありません。頭金が多ければ、借入総額は減り、月々の返済額や返済総額を圧縮できます。

③ 銀行は物件よりも人物を見ている

安定的な収入が見込める人ほど有利

住宅ローンの審査においては、物件の資産価値よりも人物の返済能力のほうが重視されます。

〝住宅〟ローンですので、金融機関が物件ごとの資産価値をしっかり査定して「お金を貸す・貸さない」「貸せる金額」を判断してもよさそうですが、現実にはそうなっていません。

32～33ページで紹介したように、そもそも不動産市場に中古住宅を評価する環境が整っていないこともあり、金融機関が十分な中古住宅の査定能力を持つまでには至っていません。

そのため、住宅ローンの審査では、「誰に貸すのか（つまり、どんな職業のどんな方か）」

という点が重視されがちなのです。

勤め先が大企業であったり、公務員であったりすれば、「安定している」と評価されて、審査に通りやすくなるのは、皆さんご存じの通りです。

逆に、給与が歩合制の人や収入が不安定な人に対する審査は厳しくなりがちですし、非正規社員・アルバイトの人が住宅ローンを組むことは極めて難しいと言えます。

勤続年数が短い人もまた、審査が通りにくいことがよく知られています。少なくとも2年以上は同じ会社に勤務してからでないと通りづらいでしょう。ただし、転職したばかりの人でも、同業他社からの転職なら、前職の勤務内容も考慮に入れて判断してくれる場合もあります。

ローンを申請した人が高齢だと、年齢も審査対象になってきます。金融機関は80歳の誕生日までに完済してもらうことを想定しているためです。例えば、50歳の誕生日を迎えた人なら、借入期間は最大29年になります。

自営業者は会社員に比べてかなり厳しく審査されます。住宅ローン審査では、会社員は直近の源泉徴収票を提出すればよいのに対し、自営業者は過去3期分の確定申告書を求められますし、法人の役員であれば決算報告書の提出も求められます。

自営業者などの経営者は赤字申告をしている人もいるでしょう。しかし、その場合には金融機関の融資は極めて厳しくなります。したがって自営業などの経営者が住宅ローンを借りようと思ったら、3年間はきちんと黒字を出して準備しておく必要があります。頭金も最低1割、できれば2割用意しておいたほうがいいでしょう。

加えて、そもそも住宅購入以外の目的で借りたローンの借入額が多すぎると、審査が通りにくくなりますので、注意が必要です。

❹ 住宅ローンを借りられない家もある

違反建築に注意！

金融機関がいくら人物重視だといっても、まったく物件を見ないわけではありません。住宅ローンを使って中古住宅を買う際に注意しなければならないのは、違反建築物でないかどうかです。違反建築物では住宅ローンを組めない銀行がほとんどだからです。

違反建築物というと、耐震性などに欠陥のある住宅を思い浮かべるかもしれません。しかし、ここでいう違反建築物は意味合いがちょっと異なります。

地域ごとに定められた建ぺい率・容積率などに違反していないかどうかが重要です。建ぺい率・容積率は建築基準法や都市計画法などによって定められていて、不動産広告にも「建ぺい率60％・容積率150％」などと表示されています［**図表11**］。

建ぺい率とは、土地面積に対してどのくらいの面積まで建築を建てられるか（逆に言え

図表11◆建ぺい率と容積率

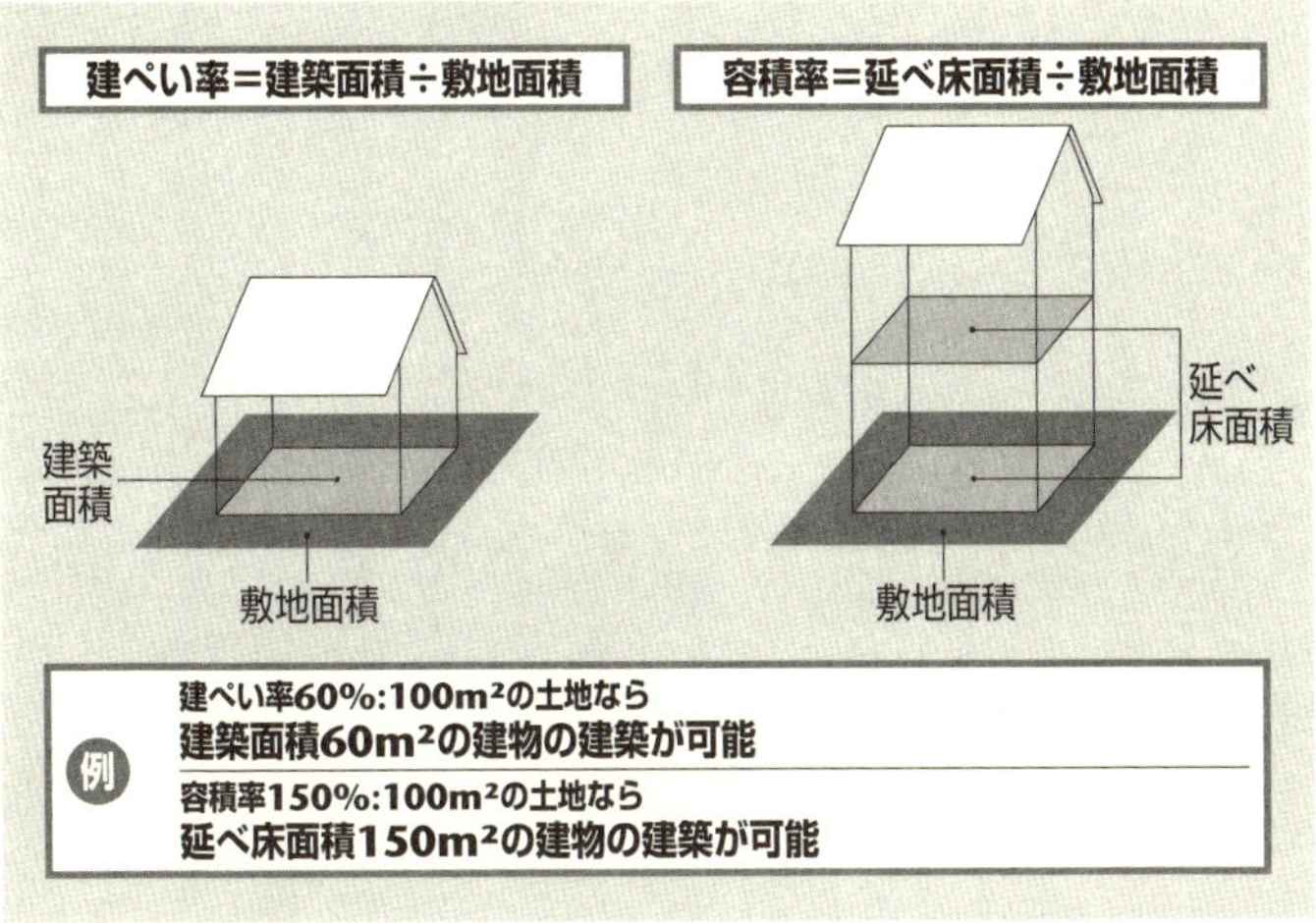
建ぺい率＝建築面積÷敷地面積
容積率＝延べ床面積÷敷地面積
建築面積
敷地面積
延べ床面積
敷地面積
例
建ぺい率60%:100m²の土地なら
建築面積60m²の建物の建築が可能
容積率150%:100m²の土地なら
延べ床面積150m²の建物の建築が可能

ば、どのくらいの空き地を確保しなければならないか）、その割合を指します。一方、容積率とは、土地面積に対してどれくらいの規模の建物を建ててよいか、その割合を示します。計算式はそれぞれ**図表11**の通りです。

中古住宅の中には、建築後に増築した結果、建ぺい率・容積率の規定をオーバーしてしまっている物件がよくあり、これが違反建築物となります。

また、「敷地が幅4メートル以上の道路に2メートル以上接していない物件」や「接している道路が、正式に道路認定をされていない物件」（接道義務違反）は、建て替えや増改築ができなかったり、建てられるとしても現状より小さな建物に制限されたりします（「再建築不可」と呼ばれますが、詳しくは第1部第5章［148ページ］で説明します）。

これらの建物は、現金で買うことはできますが、住宅ローンを組んで買うことはできない場合がほとんどです。不動産広告をチェックする際「建ぺい率オーバー」「再建築不可」などと表示されている物件は、候補から除外したほうが無難でしょう。

また、「建築当時は規定に適合していたのに、その後法律改正が行われ、規定に適合しなくなってしまった建物」（既存不適格建築物）も、住宅ローンの借入先が限定されますので、注意が必要です。

そして、住宅ローンとは、あくまで自分自身が住むためであるからこそ低金利であることを忘れてはいけません。例えば、マンションであれば専有面積が30平方メートル未満、戸建てであれば40平方メートル未満の土地である場合は、他人に貸す目的、つまり投資的な可能性も疑われるために住宅ローンが組めないことが多いので、注意が必要です。

⑤住宅ローン保証料は一括で支払わなくてもいい

フラット35なら保証料がいらない

諸費用の中でもかなり大きな割合を占めるのが、住宅ローン保証料です。保証料は35年ローンの場合で、借入額1000万円あたり約20万円かかります。4000万円・35年のローンなら、保証料は約80万円になります。

フラット35のように保証料のない住宅ローンもありますが、民間の金融機関で住宅ローンを借りる場合は保証料が必要になります。

住宅ローン保証料とは、債務者（買い主）が住宅ローンを払えなくなった時に、保証会社（通常は金融機関の関連会社）が債務者に代わって、金融機関にローン残高を返済するためのもの【図表12】。

保証会社が連帯保証人の代わりになるので、住宅ローン利用者にとっては、連帯保証人

図表12◆銀行と保証会社

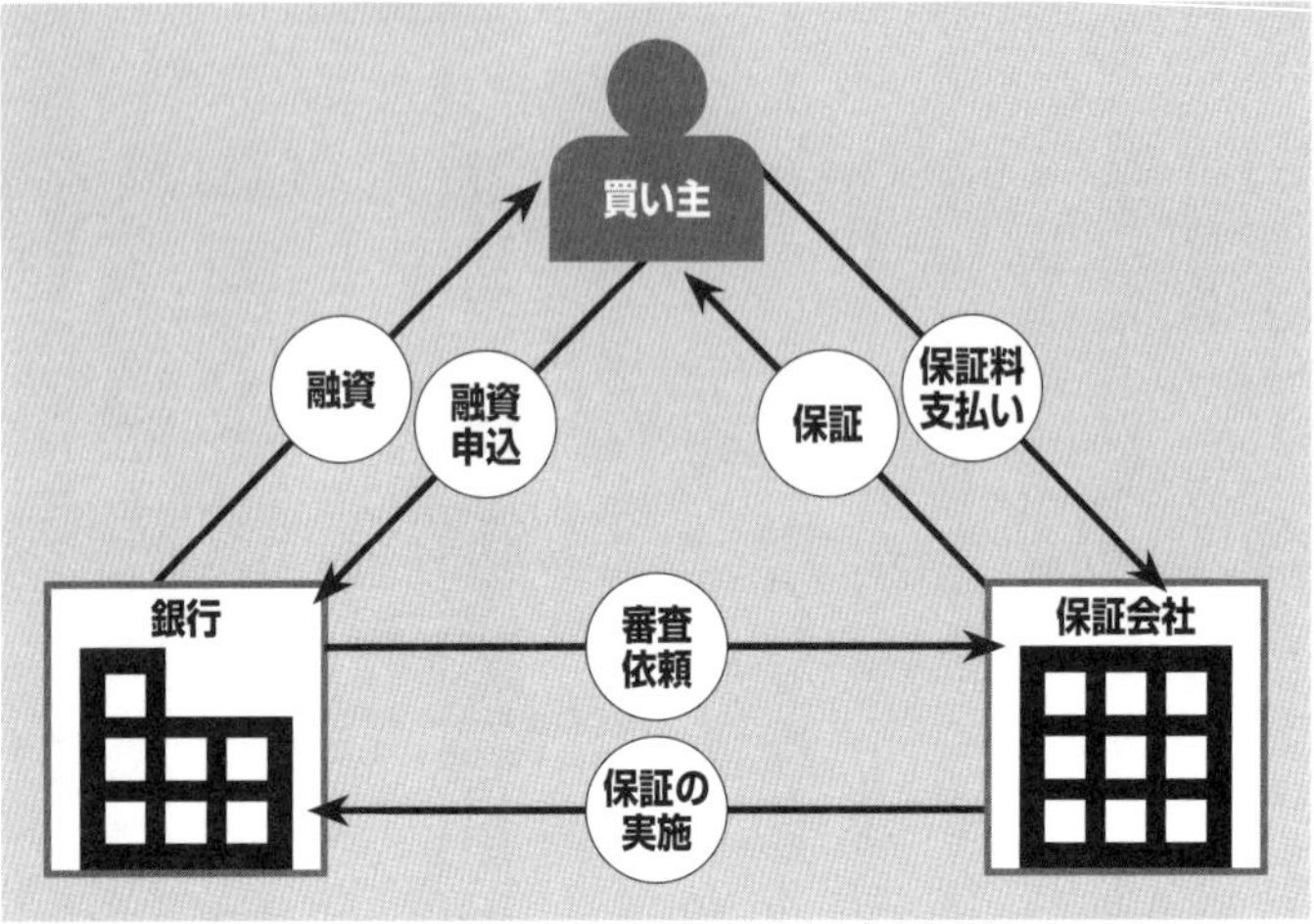

をつける必要がないというメリットがあります。

住宅ローン保証料の払い方には、最初に一括で払う方法とは別に、毎月の返済に金利を0・2％程度上乗せして返済していく方法もあります。どちらを選んでも審査には影響しないので、頭金の少ない人は後者を選ぶとよいでしょう。

❻ 火災保険への加入が融資の条件になっていることも

水災特約は外すことができる

住宅ローンで融資を受ける際、火災保険への加入が条件となっている場合がありますが、火災保険に関しては節約できる余地があります。

火災保険で節約できるのは、水災特約です。水災特約とは、台風や豪雨により発生した洪水、高潮、土砂崩れなどにより、建物に床上浸水などの被害があった時に保険金を受け取れるという特約です。

かつての火災保険では、この水災特約が基本契約とセットになっている場合が多かったのですが、今は水災特約だけを外せる場合が多くなっています。近くに海や河川がなく、マンションの上層階、あるいは戸建てでも高台に建つ建物の場合は、水災に遭うリスクが低いと考えられるので、水災特約を外してしまっても問題ないかもしれません。

例えば、1800万円の建物なら、水災特約を外すことで、10年分一括で支払う保険料を3万円以上節約できます。

なお、最近では、不動産会社が契約の条件として特定の火災保険会社を指定してくるケースもあります。しかし本来、火災保険は利用者が自由に選んで加入できるものです。契約の条件に入っていても、自分で複数の商品を比較して決めてもいいか、交渉してみる価値は十分にあるでしょう。

地震保険は高いがメリットも多い

一方、難しい問題は地震保険に加入するかどうかです。地震保険は火災保険とセットで加入することになりますが、加入は任意です。

地震保険のデメリットは保険料が高いこと。年間数万円の上乗せになることでしょう。また、地震保険は5年までしか契約できないこと、契約できる補償額は建物価格の半分が上限であることなどが特徴です。万が一、建物が全壊しても、建物価格の半分までしか保険でカバーされないという点を知っておくことが大事です。

地震保険の重要なポイントは、地震に起因する火災被害は、地震保険でしかカバーされない（火災保険ではカバーされない）点です。

例えば、大きな地震があり、自宅は何も問題がなかったのに、近隣の家から出火し、それが自宅に燃え移ってしまった場合、火災保険からは保険金は支払われません。地震に起因する火災は地震保険の範囲だからです。

地震保険は確かに保険料が高いのですが、私は加入することをおすすめします。特徴をよく理解して、加入するかどうか検討してください。

7 住宅ローン減税の内容を理解する

売り主が個人か業者かで控除額が異なる

「住宅ローン減税（住宅借入金等特別控除）」は、住宅ローンを使って家を買った人が申請すると、所得税・住民税が安くなる制度です［図表13］。年末時点の住宅ローン残高に応じて一定額が所得税から控除され、それが最長13年間続きます。また、所得税から控除しきれない場合には、住民税から一部控除されます。

最大控除額は売り主が個人か業者かで大きく異なります。売り主が個人の場合は10年間で最大200万円、売り主が業者の場合は13年間で最大400万円＋αとなります。トータルで400万円以上が節税になるわけですから、大変お得な制度と言えます（2019年10月の消費税アップに伴う負担を軽減するため、消費税のかかる業者から購入した場合の控除期間が一時的に3年間延長されます）。

図表13◆住宅ローン減税（一般住宅）の控除額など

売り主	個人	業者
居住開始時期	2021年12月まで	2021年12月まで （消費税10％での購入）
控除期間	10年間	10～13年間＊1
最大控除額	2,000万円×1％×10年間 ＝**200万円**	**【1～10年目】** 4,000万円×1％×10年間 **＝400万円** **【11～13年目】**＊2
住民税からの控除上限額	9.75万円/年 （前年度課税所得×5％）	13.65万円/年 （前年度課税所得×7％）
主な要件	◆床面積が50m²以上であること ◆借入金の返済期間が10年以上であること ◆生計を一にする親族や特別な関係のある者などからの取得でないこと ◆親族や知人からの借入でないこと	

＊1　2019年10月から2020年12月の間に消費税10％が適用される住宅を取得した場合は、控除期間が13年に延長される。11～13年目の最大控除額は＊2を参照。

＊2　11年目～13年目は、以下の①②のうちいずれか少ないほうの金額が3年間にわたり所得税の額等から控除される。
①住宅ローン残高または住宅の取得対価（上限4,000万円）のうちいずれか少ないほうの金額の1％
②建物の取得価格（上限4,000万円）の2％÷3

住宅ローン減税を受けられる中古住宅には一定の要件があります。その要件とは、耐火建築物（RC造のマンションなど）なら築25年以内、非耐火建築物（木造の戸建て）なら築20年以内であることです。

ただ、それ以上に築年数の経った建築物であっても、新耐震基準に適合している証明書を提出すれば減税を受けられます。その証明書とは、「耐震基準適合証明書」「既存住宅性能評価書」「既存住宅売買瑕疵《かし》保険付保証明書」のいずれかです。

中でもオススメは「既存住宅売

買瑕疵保険付保証明書」です。どうせ時間とお金をかけて証明書を作るのであれば、既存住宅売買瑕疵保険（瑕疵保険）にも入っておいたほうが、建物の保証もついてきて一石二鳥だからです。

なお、住宅ローン減税を受けるには、購入した翌年に確定申告をする必要があります。会社員の場合、一度確定申告すれば次からの手続きは年末調整をするだけなので、手間はほとんどありません。

売り主が業者の場合には「すまい給付金」も使える

この住宅ローン減税によって受けられるメリットは、収入が低い人ほど小さくなってしまいます。そこで、おおむね年収775万円までの人を対象に、消費税引き上げによる負担を軽減するための制度として「すまい給付金」があります［図表14］。収入額によって異なりますが、最大で50万円がもらえる制度です。

給付対象となる中古住宅は、消費税がかかる住宅、つまり売り主が業者である住宅です。売り主が個人の場合は給付対象にはなりません。住宅ローンを利用しての購入の場合は、瑕疵保険へ加入している住宅など、一定の品質が確認された中古住宅が対象となります。また、2021年12月までに入居する必要があります。

図表14◆すまい給付金

給付額

住宅購入時に適用される消費税率に応じ設定されている。
収入額(都道府県民税の所得割額)によって給付基礎額が決まり、
給付基礎額に登記簿上の持分割合を乗じた額(千円未満切り捨て)が給付される。

給付額 = 給付基礎額 × 持分割合

給付基礎額 ↑ 収入額の目安(都道府県民税の所得割額)によって決定

持分割合 ↑ 不動産の登記事項証明書(権利部)で確認する。

収入の確認方法	市区町村が発行する課税証明書*1に記載される都道府県民税の所得割額で確認する。

*1 発行市区町村により、名称が異なる場合がある。

消費税率10%の場合[予定]

給付基礎額	収入の目安	都道府県税の所得割額	
		政令指定都市以外(下段は神奈川県の場合)	政令指定都市(下段は神奈川県の場合)
50万円	450万円以下	7.60万円以下 (7.64万円以下)	3.800万円以下 (3.848万円以下)
40万円	450万円超 525万円以下	7.60万円超 9.79万円以下 (7.64万円超9.85万円以下)	3.800万円超 4.895万円以下 (3.848万円超4.956万円以下)
30万円	525万円超 600万円以下	9.79万円超 11.90万円以下 (9.85万円超11.97万円以下)	4.895万円超 5.950万円以下 (4.956万円超6.025万円以下)
20万円	600万円超 675万円以下	11.90万円超 14.06万円以下 (11.97万円超14.14万円以下)	5.950万円超 7.030万円以下 (6.025万円超7.118万円以下)
10万円	675万円超 775万円以下	14.06万円超 17.26万円以下 (14.14万円超17.36万円以下)	7.030万円超 8.630万円以下 (7.118万円超8.738万円以下)

[収入額の目安は、夫婦(妻は収入なし)及び中学生以下の子どもが2人の世帯をモデルに試算した。]

出典:すまい給付金ホームページに著者加筆

住まい給付金を受け取るには、すまい給付金事務局に、住宅の引き渡し日から1年以内に申請する必要があります。詳しい内容は、すまい給付金事務局のホームページ「http://sumai-kyufu.jp/」をご確認ください。

第4章 プロを味方につける「不動産会社」選び

1 「売りっぱなし」の不動産会社も多い

「情報」を重視するか、「信頼」を重視するか

不動産会社を選ぶ際、一般的に、売りたい人は「信頼」を重視し、買いたい人は「情報」

を重視する傾向にあります。つまり、売りたい時は、自分の財産を託すので、信頼できる不動産会社に依頼しようと考え、反対に買いたい時は、信頼できるかどうかよりも、情報がたくさん集まる不動産会社に行こうと考えるということです。

したがって、購入希望者は、いろいろな媒体にたくさんの広告・チラシを出していたり、現地販売会を開催していたりする会社におのずと集まってきます。

単に情報収集したいだけなら、そういった会社を選ぶのもいいでしょう。しかし、情報が多く集まっているということと、その会社が信頼できるサービスを提供しているかどうかは別問題です。

広告宣伝に力を入れる一方、売ったら売りっぱなしで、買った後のフォローは何もしてくれない会社もあります。そういった会社の仲介で中古物件を購入したところ、後からトラブルが多発してしまい、誰にも相談できず、多額の出費をするはめになった、という話はよく聞きます。

「買ってから後悔したくない」「自宅を財産として守っていきたい」と考えるなら、まずは、アフターサービスのしっかりした不動産会社をパートナーに選ぶべきでしょう。

この章では、プロを味方につけ、物件探しを有利に進めるための不動産会社選びのコツを紹介していきます。

❷ 不動産会社はアフターサービスで選べ！

アフターサービスの有無を尋ねてみよう

「中古物件なんて売りっぱなしが当たり前。アフターサービスなんてもともと期待していない」という人もいます。しかし、何千万円もする高額な商品で、アフターサービスがないものなどほかにはありません。

新築なら、売り主である不動産会社や住宅メーカーがアフターサービスを提供していいます。ところが、中古住宅は多くの場合、売り主が個人であるため、アフターサービスがついていないのが現状です。ですから、この場合は物件を紹介した会社（すなわち仲介会社）がその役割を担うべきなのです。

しかしながら、物件の紹介による仲介手数料を主たる収入源にしている不動産会社にとって、アフターサービスはまったくお金にならない、ムダな業務でしかないと考えられているのです。だから、面倒の多そうな中古を扱いたがらないのです。

しかし、国が既存住宅流通に力を入れ始め、消費者も中古住宅に注目するようになり、一方で新築着工件数は徐々に減っているという状況があります。中古物件に取り組まざるを得なくなる中で、アフターサービスの必要性を再認識する不動産会社も増えてきたように感じます。

もちろん不動産会社が直接対応できない場合もあるでしょう。それならば、アフターサービスを専門に提供している会社があるので、それを利用すればいいのです。

第1部第1章［42ページ］で紹介したようなサポートサービスの提供のほかに、定期点検や購入後のリフォーム・売却の相談など、長期的なパートナーとして住宅に関するあらゆる相談に乗ってもらえるような不動産会社であれば、より理想的でしょう。不動産会社を訪問する際に、どのようなアフターサービスがあるか質問してみてください。

マンションであれば「マンションは管理を買え」とも言われるように、購入後の管理の良しあしが数年後の資産価値を左右するポイントになります。せっかく購入した大事な不動産の資産価値を保つという視点に立てば、「不動産会社はアフターサービスで選べ」と言っても過言ではないのです。

仲介手数料は高いか、安いか

ところで、中古住宅を購入する際、支払わなければならない諸費用の一つに「仲介手数料」があります。不動産会社に払う手数料で、「物件価格×3％＋6万円（別途消費税）」が上限になります。

例えば、3000万円の物件を買った時、仲介手数料は、3000万円×3％＋6万円＋9万6000円＝105万6000円（消費税10％で計算）となります。

ある住宅関連会社がアンケートを採ったところ、「仲介手数料は妥当」もしくは「仲介手数料は安い」と答えた人は6割にものぼったそうです。反面、高いと感じた人が4割程度いることにもなります。

家は「買うのは一瞬、住むのは一生」と言われます。買って終わりではなく、メンテナンスをしながら何十年にもわたって住み続けるもの。メンテナンスやリフォーム、建て替え、将来の売却などで、不動産会社とは長期にわたるパートナーシップを築くことが本来は重要になるはずです。

しかしながら、実態として、不動産会社（特に仲介業者）は売って引き渡してしまえばおしまいという会社が多いのです。これでは「仲介手数料が高い」と感じられても仕方ありませんし、値切られることもあるでしょう。

日頃、私が不動産会社のコンサルティングをする際に伝えているのは、「仲介手数料とはサービスへの対価である」ということです。決して、紹介をしたことへの手数料ではないのです。したがって、仲介会社が「お客さまにどんなサービスを提供できるのか」「引き渡し後どんなサービスを提供できるのか」が、仲介手数料が高いと感じるか安いと感じるかの分かれ目なのです。

逆に言えば、仲介手数料の支払い先を「買った後のアフターフォローなどが望めそうもない、単なる紹介会社としての役割しか果たしていない不動産会社」と見るなら、手数料の値引きを要求してみるのもいいかもしれません。

❸ 不動産会社を見極める8つのポイント

不動産会社の5割が10年で廃業する

「10年で5割が廃業する」のが不動産業界です。中には開業・廃業を繰り返す悪質な業者もいます。安心できる不動産会社選びのポイントを知っておきましょう。

①社長の顔が見える

全国にある不動産会社の8割以上が従業員4名以下の中小企業です。必然的にワンマン経営の傾向が強くなり、トップが会社の性格を決めることになります。「ホームページに社長や代表者の顔写真とともに経歴や方針が掲載されている」「お客さまが望めば、いつでも社長や責任者が応対してくれる」という企業なら安心度は高いと言えます。

②アフターサービスが明確

中古住宅に経年劣化によるトラブルはつきものです。不動産会社がどのようなアフターサービスを提供しているかをチェックしてください。

特にトラブルが起きた時の対応や、日常のメンテナンスについて、会社としてどのような体制をとっているかを聞いてみましょう。

③事務所がわかりやすい場所にある

物件を販売した後も、きちんと責任を取ろうと考えている企業なら、事務所はそれなりの場所に構えるはずです。雑居ビルの2階以上の場所に事務所を出しているような不動産会社は、社名を変えながら転々としている悪質業者の可能性もあり、避けたほうがよいでしょう。またビルの1階に事務所を構えているなど、会社の情報や事務所内を開示する姿勢は安心の目安ともなります。

④ホームページの情報が充実している

ホームページは会社の方針やサービスを知ってもらうための貴重な手段です。内容の充実度をチェックしましょう。物件情報だけでなく、「契約の際にどんなチェックをしてくれるか」「購入後に提供してくれるサービスはあるか」など、顧客に対するサポートの姿勢を確認します。細かいところで言えば、問い合わせ用の電話番号が目立つところに記載されているかどうかも一つのポイントです。

また、物件情報などが定期的に更新されているかどうかも確認するようにしましょう。

⑤中古住宅の取り扱いがあるか

店舗前に貼り出されている広告、あるいはホームページに掲載されている物件情報などで、中古住宅の取り扱いがあるかどうかをチェックします。新築しか出ていないようなら、中古目当ての顧客は相手にしていない可能性が高く、新築を売買するレベルしかノウハウがない可能性があります。ほかをあたったほうがよいかもしれません。

⑥インスペクションについて正確に説明してくれるか

営業担当に「インスペクションではどんなことをしますか？」「インスペクションの事例を見せてください」などと聞いてみましょう。実施の手順や内容をきちんと説明してくれて、複数の事例を見せてくれるようなら、中古物件の仲介に力を入れている証拠です。

その反対に、「検査なんてしていると売れちゃいますよ」「大丈夫ですよ、新耐震ですから」などと、インスペクションをしない方向に誘導する発言があるなら、中古住宅の仲介には力を入れていない会社です。付き合うのは避けたほうがいいでしょう。

⑦顧客の希望する連絡手段で連絡してくるか

「連絡はメールで」と伝えているのに電話してきたり、家に訪ねてきたりする営業担当者がいます。そのような場合、上司に「直接会って話をしてこい」と命令されているケースもあり得ます。希望通りの連絡手段を使ってこないような営業は、会社の方針として強引な勧誘をしている可能性もあり、要注意です。

⑧異業種連携が行えているか

不動産会社が自社だけでできることは限られています。顧客本位のサポートを行うためには、建築士、インスペクター、弁護士、税理士、司法書士、ファイナンシャルプランナーなど、各業種のプロフェッショナルとの連携が重要です。

④ 素人の営業担当者が不動産を売っているケースもある

誰でも明日から不動産の営業担当者になれる

皆さんは不動産会社と聞いて、どんなイメージを抱くでしょうか。

「営業がしつこそう」「素人をダマして無理やり売りつけそう」「大切な情報を隠していそう」などマイナスイメージを抱く人も多いと思います。

日本の不動産会社のイメージが悪い理由の一つには、〝特別な資格〟が不要なビジネスであることがあげられます。

不動産業（宅地建物取引業）を営むには、国土交通大臣または都道府県知事が許可する「宅地建物取引業免許」を取得する必要がありますし、「宅地建物取引士（宅建士）」という専門資格も存在していますから、一般的には素人にはできないビジネスだと思われがちです。

しかし、実は、宅地建物取引士は不動産業を営む事務所ごとに、従事者5人に対し1人の割合でいればいいのです。つまり、事務所に宅地建物取引士が1人いれば、残り4人は素人でもいいということになります。

これは、昨日までまったく別の業界・業種にいた人でも、スーツを着て、名刺を持てば、今日から不動産会社の営業担当になれることを意味します。不動産や建物に関する知識がなくても、行動力があり、口が達者ならば、経験が浅くてもそれなりの営業成績を残すことができてしまう業界であるというのも事実です。

中古住宅の取引が主流になれば変わる

これに対して、例えばアメリカでは、不動産会社を選択するというより、営業担当者を選択するという発想が主流です。エージェントという自分の代理人を選ぶことが極めて重要なのです。そして、取引の中心が中古住宅であるため、経験や知識が重視されます。必然的に営業担当は若者より年配の人が中心になります。社会的にも不動産業界のビジネスパーソンは信頼の高い職種とされています。

日本の不動産会社は、中古住宅に対する知識に乏しく、売ったら後はアフターフォローもなく、それでいて強引でしつこく営業活動を行う……そんな状況だったわけですから、イメージは悪くなって当然です。

しかしここ数年で、状況が変わり始めている気がします。

これまで、大手不動産会社や住宅メーカーでも「売ったら売りっぱなし」と言われるような状態でしたが、中古住宅市場が注目されるようになった結果、アフターサービスに力を入れる会社も出てきたのです。中古の知識を身につける営業も少しずつ増えてきました。

国の住宅政策が大きく転換したのは57ページで紹介した通りで、将来、中古取引が市場の主流になっていくことは間違いありません。そうなれば、不動産会社に求められるものも変わってくるはずです。

⑤ 不動産会社は大手と中小・地場のどちらがいいか

地域の情報は地場業者が握る

不動産会社には、全国に展開する大手から中小の地場業者までさまざまありますが、どちらを選んだほうがいいかも気になるところだと思います。

「何となく信頼できるから」という理由で大手を選ぶ人もいますが、大手より中小・地場の不動産会社のほうが、情報公開前の有益な物件情報を握っていることはよくあります。

中小・地場の会社は地域に密着した事業展開をしている分、その地域の情報が多く集まってくるからです。物件探しをしている人が、最初は大手に行くものの、満足できずに、結局は地場の会社を頼るというパターンはよくあります。

反対に大手のメリットは、独自の保証サービスを設けていたり、アフターサービスがしっかりしていたりするところが多い点です。

109ページの「不動産会社を見極める8つのポイント」を参考に、まずはいくつかの不動産会社をあたり、その中から親身になって相談に乗ってくれる会社を見つけて、じっくりと付き合っていくことをおすすめします。自分の希望の物件条件を伝えておくことで、いち早く情報をもらえるようになります。

また、インターネットや新聞の折り込みチラシで情報収集する人も多いでしょう。インターネットは幅広い地域の情報の中から、自分の希望する条件で絞り込んで検索できたり、自分が住んでいないエリアの情報も収集できたりする点で便利です。

ただし、ネット上にある情報は流通している物件全体のごく一部です。本当によい条件の物件はネットに出回る前に取引されているからです。「家を売りに出すことを近所の人に知られたくない」との理由で、ネットへの情報掲載を拒否する売り主もいます。

隠れた優良物件の情報を手に入れるには、不動産会社から直接情報をもらうのが一番。そこで、気に入った物件があったら、まずは不動産会社に問い合わせてみましょう。問い合わせはメールよりも電話でしたほうが、その会社の雰囲気や営業担当者の人柄がわかります。

⑥ 信頼できる営業担当者を見極める7つのポイント

いい物件に巡り合えるかどうかは担当者次第

大手か中小かにかかわらず、不動産会社の営業担当者は千差万別。知識やスキルはもちろん、お客さまへの接し方など、人によって大きく違います。自分と相性がよく、信頼できる営業担当者と巡り会えるかどうかは大変重要です。１０９ページで「不動産会社を見極める８つのポイント」を紹介しましたが、「不動産会社選びは営業担当者選び」と言ってもいいくらいいかもしれません。

そこで、中古住宅を探すうえで大切な、営業担当者を選ぶポイントをあげてみました。身だしなみや言葉遣いに加えて、これらの観点で担当者を観察してみてください。

①中古住宅の知識があるか

不動産会社にとって利益を出しやすいのは、手間のかかる中古ではなく、見た目にもきれいで売りやすい新築です。そのため、中古の知識をほとんど持たず、無理やり新築をすすめてくる営業担当者もいますので、注意が必要です。

こちらの希望通り中古物件を探してくれる営業ならば、とりあえずは信頼できると言えます。

中古の知識を試すなら、「瑕疵《かし》保険」や「インスペクション」「住宅履歴」の話題を振って、反応を探ってみるのがよいでしょう。

②情報提供や返信が速いか

スピーディーな情報提供や返信はビジネスパーソンとしての基本。また、わからないことを適当に答えるのではなく、きちんと調べてから答えようとする姿勢も大事です。

現実問題として、営業担当者は顧客に優先順位をつけています。返信などが遅いということは、後回しにされている可能性が高いと言えます。

③希望するエリアの物件情報を網羅しているか

営業担当者によって得意とするエリアが分かれている場合もあるので注意が必要です。希望する地域情報に精通しているということは、物件情報も多く集まってくることにつながります。

④基本的な税金の知識を持っているか

税金にあまり詳しくない人にとって、知識の豊富な営業担当者はよきアドバイザーになります。

特に中古住宅の減税についての知識は必須です。「この物件は、住宅ローン減税を受けられますか?」などと質問して反応を探ってみましょう。

⑤物件のデメリットを説明してくれるか

中古物件はメリットだけでなくデメリットも必ずあります。メリットばかりを強調して、デメリットを説明しない営業担当者は信頼できないと考えたほうがよいでしょう。

⑥ローンを目いっぱい組ませようとしないか

前章「82ページ」で説明したように、「借りられる額」と、「支払える額」は違います。顧客のリスクを考えずに目いっぱいのローンを組ませようとする営業担当者は、目先の利益しか考えていません。

⑦宅建士資格を持っているか

宅地建物取引士の資格を持っているかどうかは、基本的な知識の有無を測る一つの手段です。不動産会社で働いていれば、資格を持っていなくても営業活動はできますから、持っていない営業担当者にあたった場合は、信頼に足る人物かしっかりと観察してください。

［上級編］

自分で家を持っている営業、宅建士以外の資格（ファイナンシャルプランナーなど）を保有している営業は、より真剣に不動産業務に向き合っている証しです。頼りにできる可能性が高いと言えます。

7 歩合給で働く営業担当者もいる

3年で辞める営業担当者も多い

知っておいて損はない情報に、営業担当者に対する不動産業界の報酬制度があります。不動産会社の営業担当者は、ほとんどの人が固定給に加えて歩合給を得ています。中には「フルコミッション」といって、表向きはその会社の社員のようでいて、実は業務委託契約で営業をしている個人事業主のような人もいます。

特にフルコミッションで働いている人は1件の契約でいくら、という報酬システムで動いています。契約を取れたら大きな収入を得られます。その額は、多くて仲介手数料の5割、少なくても3割。

例えば、4000万円の物件で、第1部第2章「66ページ」で紹介した「両手」の契約を決めたなら、営業担当者の懐には100万円以上のお金が入ってくることになります。もちろん、ひと月に1件も契約が取れなければ、収入はゼロです。

したがって、お客さまを半日も案内して契約に至らなかったら、その半日がただ働きになってしまうわけで、そうさせないためにも必死になって、少々強引な手を使っても売ろうとしてくるのです。

また、フルコミッションとまではいかなくても、歩合給の割合がいちじるしく高い会社も多く存在しています。

そういう報酬システムの下で働いていると、どうしても力を入れるのは、手軽で利益が高い新築に偏ってしまいます。中には、面倒で利益にならない中古はなるべく扱いたくないので、「中古なんてダメですよ。やっぱり新築がいいですよ。新築を買いましょうよ」なんて平気ですすめてくる営業担当者もいるくらいです。

歩合給は、稼ぎたい人には夢のある報酬システムかもしれませんが、それが顧客の利益と一致するとは限りません。

歩合給の厳しさに耐えかねて、1年も持たずに会社を辞めていく社員も多くいます。社員が入ってもすぐに辞めていくため、年がら年中社員を募集している会社もあります。営業担当者がどんどん入れ替わっていくような会社に、住宅を買った後の長年にわたるフォローを期待できるはずはありません。

もちろん、営業担当者が信頼できる人物であるかどうかが重要で、歩合給だから信頼できないという話ではありませんが、あくまでも一つの参考材料として知っておいて損はありません。歩合給かどうかを営業担当本人に直接聞いてもいいですが、同じエリアの同業他社に「あの会社って歩合なのかな？」とそれとなく聞いてみれば、たいていは教えてくれるはずです。

❽「不動産会社の実力は免許番号を見ればわかる」のウソ

免許番号はお金で買える

よく言われる不動産会社の見分け方として、「免許番号を見よ」というものがあります。免許番号とは、不動産業（宅地建物取引業）を営むために必要な免許に付されている番号のことです。例えば、「東京都知事（2）第12345号」などという番号が、事務所に掲示してあったり、不動産広告やホームページに掲載してあったりします。

このうち、カッコ内の数値が免許の更新回数です。免許は5年に一度（1996年以前は3年に一度）更新する必要があり、更新するたびにこの数値が増えていきます。

「免許番号を見よ」の意味は、カッコ内の数値が大きい＝営業年数が長い＝実績ある会社だ、という理屈です。

しかし実際のところ、この数値だけでは会社の信頼度はまったくわかりません。というのも、免許番号は買うことができるからです。

不動産業界に進出したばかりの会社が、更新回数の多い小規模な会社を買収すれば、その古い免許番号で営業できます。逆に営業年数が長くても、事務所の移転などで本店のある場所（都道府県）が変われば、カッコ内の数値は1に戻ってしまいます。

免許番号の更新回数の数値では信頼性を測ることはできないのです。

行政処分歴を見る

信頼できるかどうかよりも、避けるべき会社を見極めるための手段として、行政処分歴を調べる方法があります。

行政処分とは、不動産会社が不法な手数料を受領したり、重要な内容を告知しないなどの違反を犯したりして営業停止などの処分を受けることです。

行政処分歴は、国土交通省で公開されているので、自分の取引しようとしている不動産会社を不安に思う人は、調べてみるとよいでしょう。

国土交通省　ネガティブ情報等検索サイト◆https://www.mlit.go.jp/nega-inf/

第5章 磨けば光る「お宝物件」の見つけ方

1 戸建ては「建物の価値がゼロになりそうな中古物件」を探す

不動産広告に「建物0円」とは書かれていない

よく聞く言葉に「不動産に掘り出し物はない」というものがあります。これは、優良な物件は市場に出回る前に不動産会社が先に押さえてしまい、自社で転売したり、お得意様に回したりするから、一般消費者には回ってこない、という意味です。

それは確かに一面では事実です。そういう水面下でやりとりされる物件も多数あります。しかし、「築年数が木造で20年超、鉄筋コンクリートで30年超」の中古住宅については、そもそも見向きもしていない不動産会社が多いのです。それらの中古物件を扱うにはそれなりの知識が必要で、買い手がつきやすい新築や築浅の中古住宅と比べると面倒くさいため、扱いたがらない不動産会社が多いのです（もちろん、プロローグで紹介したマンションの事例のように、目ざとい例外的な不動産会社もあります）。

戸建てのお宝物件を探すにあたっては、まず、「土地」と「建物」を分けて考えることを覚えてください。明らかに割安な「建物の価値がゼロになりそうな中古物件」を探し出すためです。有望そうな物件を見つけたら、「インスペクション」で調査します。たとえ「建物0円」になっている可能性が高いのは、築20年超の木造住宅です。たとえ「建物0円」にならなくても、激安になっているのは間違いありません。

ただし、一般的に、不動産広告などには「土地と建物が分けられていない価格（物件価格）」しか表示されていません。不動産広告に「建物0円」と書かれているわけではないのです。

では、どのようにして「建物0円」物件を探せばいいかというと、単純に、購入を検討したい中古住宅（戸建て）がある地域の土地の値段（実勢価格）を調べて、広告に書かれている物件価格から土地の値段を引けばいいのです。

土地の実勢価格については、第1部第2章「70ページ」で紹介しましたが、「路線価÷80%×110%」でおおよその値が算出できます。

❷マンションは「旧耐震基準か新耐震基準か微妙な物件」を探す

1983年完成のマンションが狙い目

一方、マンションの場合は、土地と建物を分けて考えにくいのですが、「旧耐震基準か新耐震基準か微妙な物件」を探すことで、割安な物件を探しあてる可能性が高まります。

詳しくは151ページで説明しますが、1983（昭和58）年前後に完成した物件は、当時の工期の関係で、「旧耐震基準」と「新耐震基準」の物件が混在しているのです。

そのため、1983年完成の新耐震基準物件であれば、耐震基準に関係なく建物の価値を極めて低く見られている可能性が高いのです。しかし、新耐震基準物件であれば、48ページで説明した瑕疵《かし》保険の利用により、住宅ローン減税を受けられる可能性が十分にあり、お宝物件である可能性も高いと言えるでしょう。

戸建てと同様に、有望そうな物件を見つけたら、「インスペクション」で調査します。

③不動産会社のオススメ物件がお宝物件とは限らない

不動産会社が売りたい物件・3つの特徴

不動産会社でいろいろな物件を見せてもらうと、「この物件、オススメですよ」と言われることがあります。

もちろん、オススメ物件がすべて悪い物件ではありませんが、いい物件とも限りません。不動産会社から特定の物件をすすめられた時は、なぜすすめられたのかを推測することが大切です。

中には、単に不動産会社が売りたいだけの物件が紛れ込んでいる可能性もありますので、ご注意ください。

不動産会社が売りたい物件の主な特徴を整理しておきましょう。

①売り主から依頼を受けている物件

自社が売り主から売却依頼を受けているため、買い主を自ら見つけてくれれば「両手」の仲介手数料がもらえる物件は、不動産会社が売りたい物件に間違いありません。

②値下げの余地がある物件

加えて、不動産広告に載せた物件価格からいくらまでなら下げてもいいと、売り主との間で合意できているような物件であれば、不動産会社にとってなおいいでしょう。買い主との間で値下げ交渉になった時に、スムーズに契約をまとめやすいからです。

③売り主から報奨金が出る物件

さらに、上限が決められている仲介手数料のほかに、販売促進費や広告費などの名目で売り主からインセンティブ（報奨金）が支払われるケースもあります。これは法律的にはグレーな行為ですが、不動産業界では慣習的によく行われていることです。

売り主側の不動産会社がそのような物件を自社で抱え込まずに、報奨金をつけてほかの不動産会社に協力を要請する場合もあります。当然、買い主側の不動産会社の営業にも力が入るので、お客さまに積極的におすすめしようとします。

そのほかにも、普段から付き合いの深い売り主の物件も売りたがります。お得意先の物件を売るために、数カ月の間、営業担当者を動員することもあるくらいです。

つまり、不動産会社が熱心にすすめてくる物件には、不動産会社にとって売りたい事情があるということです。

なお、第2部第1章「197〜206ページ」で「売りにくいマンション」と「売りにくい戸建て」の要素を5つずつ紹介していますが、これから中古住宅を買うのであれば、それらはできるだけ避けたほうがいい物件とも言えます。ぜひ参考にしてください。

④「将来的に価値が上がりそうな物件」に目をつける

「要セットバック」と書いてある物件

今は事情があって安いものの、将来的に価値が上がりそうな物件もお宝物件と呼べます。

例えば、不動産広告に「要セットバック」と書いてある物件もその一つ。「要セットバック」とは、敷地の目の前の道路が幅4メートル未満で、クルマが通りづらい、または通ることができないような物件です。

ただし、そのような物件も、建て替え時に敷地の一部（幅4メートル未満の道路に面した部分）をセットバック（setback：後退）させて道路として提供すれば、建て替えができます。

そんな物件を見つけたら、現地に見学に行ってみましょう。

同じ道路に面した住宅が数軒並んでいて、それらの住宅が築30年程度の古めの建物であれば、あと数年経てば建て替えが始まる可能性が高いと考えられます。全部建て替えが済めば目の前には幅の広い道路が完成し、その土地の価値は上がります。それまではクルマが使えないという不便さはありますが、近隣に駐車場を借りることでカバーすればいいでしょう。

価格が安くなっている理由が「今」にあり、将来的によい変化が予測できるのならば、その物件はお宝の可能性が高いと判断できるのです。

再開発などによる環境の変化

もっとわかりやすく将来価値が変わるのは、再開発などによる環境の変化です。駅前の大規模再開発や、道路の新設・拡張が行われたエリアの周辺では、資産価値が上がることがあります。また、大学が移転してきた地域の周辺は価値が上がる傾向にあります。

駅前再開発や道路の計画などは、不動産会社または市役所などの都市計画課に聞けば教えてもらえます。多くの自治体ではホームページに都市計画を掲載しているので、それを参考にしてもいいでしょう。

もう一つ、将来的に資産価値が上がりやすいのは、古めの木造住宅が立ち並び、住人の多くが高齢者となっているような住宅街です。一般の方はそのような古い住宅地を敬遠しがちですが、将来的には建て替えが進み、街が発展していく可能性があると考えられます。ただし、木造密集地になってしまうと、火災のリスクが高まります。そのエリアでも比較的道幅の広い物件に絞るなど、街全体の発展性と自身の物件のリスクとを総合的に考える必要が出てくるでしょう。

また、古いマンションがたくさん建っているようなエリアは、街としての成熟度が高く、さらなる発展性という点では低いと言えるかもしれません。

⑤「土地が広い戸建て」に目をつける

土地が広いと将来の可能性が広がる

例えば、戸建て住宅で、敷地面積に対してやけに建築面積が狭い物件があります。広い土地に、2階建て・2LDKの古い家（古家）が建っているようなケースです。そんな物件を見つけたらラッキーです。

古家付きで解体費用がかかることを理由に値下げ交渉できますし、将来的には、広い家に建て替えることも可能だからです（価格交渉については第1部第6章で解説します）。老後は更地にして売却したり、賃貸併用住宅を建てたりするなど、さまざまな活用方法が考えられます。

戸建て住宅を買う際に、土地の広さは非常に重要なポイントです。広い土地があると生活の楽しみが広げるだけでなく、将来の資産価値が大きく変わってくるからです。

これが新築になると、同じ予算で買える物件は、土地が狭いものか、駅から遠いもののどちらかになってしまいます。

例えば、

「新築 駅まで徒歩5分 1坪150万円×20坪+建物価格1800万円=4800万円」

「新築 駅までバス15分 1坪100万円×30坪+建物価格1800万円=4800万円」

のように、「駅から近いけれど狭い」物件か、「広いけれど駅から遠い」物件の、どちらかの選択肢しかない場合が多いのです。

これに対して中古なら同じ予算で、

「築20年 駅まで徒歩5分 1坪150万円×30坪+建物価格300万円=4800万円」

というような、いい立地の広い土地がついた住宅を選ぶことが可能になります。前提として、価値のある建物が残っていることが必要ですが、やはり中古物件にはお宝が眠っている可能性が格段に高いと言えます。

❻「変えられることが安さの原因に なっている物件」に目をつける

間取りが悪くてもリフォームすればいい

構造はしっかりしていて問題がないのに、間取りやメンテナンスに難があるために割安な価格がつけられている物件があります。

マンションには、間取りがいびつな物件が少なくありません。

マンションの設計士は、間取りを設計する際、広めの部屋を配置することを優先するように、分譲する不動産会社や住宅メーカーから求められます。「5・5畳の部屋」より「6畳の部屋」のほうが、素人目には見栄えがいいと考えるからです。

その結果、扉の開く方向や収納の設置などに無理が生じるところが出てきて、ぱっと見では問題がないように見えても、実は使いにくい間取りができあがることになります。

間取りがいびつな物件は、新築の時は買い手がついても、中古では敬遠される傾向にあり、相場より安くなっていることがあります。

しかしそんな物件でも、構造はしっかりしていて、間取り変更を伴う大規模なリフォームが可能ならば、お宝の可能性は高いと言えます。

つまり、安くなっている原因が購入後に「変えられないこと」にあるのか、それとも「変えられること」にあるのかが重要です。例えば、「立地」や「日当たり」はどんなことをしても「変えられないこと」ですが、間取りや汚さは後からいかようにも「変えられること」です。

もし、「変えられること」が原因で安くなっている物件を見つけたら、チャンスと言えるでしょう。

なお、大規模なリフォームが可能かどうかは、構造によって決まります。

マンションの構造には「ラーメン構造（梁《はり》や柱で建物を支える構造）」と「壁式構造（壁で建物を支える構造）」があり、5階建て以上のマンションではラーメン構造、それ以下の低層マンションでは壁式構造が多くなっています。

間取り変更しやすいのは、壁を取り除きやすいラーメン構造の建物（部屋）です。つまり、躯体《くたい》部分（スケルトン）は「変えられないこと」であり、内装・設備（インフィル）は「変えられること」として分けて考えるべきだと言えます。

戸建て住宅の場合は、主に「在来工法」と「ツーバイフォー工法」に分かれますが、リフォームのしやすさでは在来工法のほうが勝っています。ツーバイフォー工法では、壁や床でも建物を支えているからです。

建物の形としては、凹凸がない、四角形に近い形のほうが、安定していてリフォームがしやすいと言えます。

ボロ物件を見つけたらラッキー

掃除やメンテナンスが行き届いていない物件の中にも、お宝物件が潜んでいる可能性はあります。

例えば、小さな子供がいるために壁やフローリングの汚れ・傷みが激しい物件、ペットやタバコのにおいがついている物件などです。

家の売り主の動機としては、「そろそろ汚くなってきたからリフォームしなきゃ……でもリフォーム代は高い。どうせなら買い替えようかな？」という理由で売りに出すケースが多いと考えられます。

しかし、見た目が悪いため、なかなか買い手がつきません。そのため、価格を下げざるを得なくなります。

このような物件でも、建物自体の構造がしっかりしていれば問題ありません。部屋の中は、汚れたクロスを張り替えるだけの簡単なリフォームで、見違えるようにきれいになります。もちろん、給排水管などの設備関係には相応の劣化があると考えられるので、見えない部分はインスペクションで事前に確認することが大切です。

このようなボロ物件に遭遇しても、その見た目だけにとらわれて買いたくないと思ってしまっては、本質を見逃すことになります。誰もが敬遠するような汚い家こそ、磨けば光るお宝物件である可能性が高いのです。

⑦「新築物件が多く建っているエリア」に目をつける

新築物件が周辺相場を下げる

お宝物件を探すポイントの一つに、その時期に新築物件が多く供給されているエリアを探るという方法があります。あるエリアで新築物件が多く建つと、そのエリアの中古相場が下落する傾向にあるからです。

同程度の条件で新築物件が出てくれば、消費者はそちらに目が行ってしまい、中古を買おうとはしなくなります。その結果、中古相場が下落するというカラクリです。

しかも、新築を建てる不動産会社や住宅メーカーは売れ残りになるのを恐れて、少しでも安い価格設定を実現しようと努力します。

どのようにして安い価格を実現するかといえば、まずそのエリアにある中古物件の価格を調べ、中古物件にも負けない価格をはじき出します。そして、その価格で建てられるように用地を取得し、建築コストをギリギリまで抑えながら建物を建てるのです。

そのような新築物件が建つことになると、その影響を受け、近所の中古物件の相場は大きく下がります。当然、中古物件を狙っている人からすれば、お宝物件を探すチャンスになるわけです。

ただし、ブランド力のある大手の不動産ディベロッパーが建てた中古マンションなどは例外です。そういったマンションは、隣に新築マンションが建っても価格面ではあまり影響を受けないことがあります。「そのブランドのマンションが欲しい」という人が大勢いるからです。

結論としては、新築がたくさん立ち並ぶ（今後建つ予定がある）エリアの中古住宅は狙い目ということです。

❽「わけあり物件」はお宝と言えるのか

競売物件は本当にお得か

わけあって安い「わけあり物件」の一つに競売物件があります。

金融機関からお金を借りて住宅を買った人が、何らかの理由でローンの支払いができなくなることがあります。その時、金融機関は貸したお金を回収するために、裁判所を通して住宅を差し押さえ、競売にかけるのです。

従来、競売に参加するのは業者ばかりでしたが、最近では割安に住宅を入手する手段として知られるようになり、一般の人の参加も増えているようです。

確かに競売物件は、周辺相場と比較して安く落札される例も多いのですが、それがすなわちお得かというと、そうとも言い切れません。

競売物件のデメリットは、建物の内部を見ることができないこと。購入希望者は裁判所に備えつけられている資料・写真から内部の様子を想像するしかありません。「買ってみたら予想以上に劣化が激しく、多額の改修費がかかった」という失敗もよくあります。戸建てなら、インスペクションによる調査ができないという時点で、非常にリスクが高いと言えます。マンションであれば、建物の構造や管理状態などの情報は不動産登記簿や管理会社からの資料などから入手できますが、部屋の内部を見ることができないので、リフォーム代が相当かかることを覚悟しておく必要があります。

また、競売物件にはその住宅の前の持ち主や不法な占有者が居座っている場合があり、物件落札後、退去させるための交渉や、最悪の場合には退去費用の支払いが必要になってきます。落札費用以外に多額の現金を用意しなければならない点で、決して安いとは言えません。

もちろん、競売が絶対にダメと言っているわけではありません。もし「どうしてもこのマンションが欲しい」という特定の物件があり、それがたまたま競売にかけられていて、実勢価格よりもだいぶ安く手に入りそう……と条件がそろった時には挑戦してみてもいいでしょう。その際には、競売代行会社と呼ばれる、専門業者に依頼するのも一つの方法です。

相場よりはるかに安い事件系物件

競売物件のほかによくある「わけあり物件」は、事件・事故・自殺などの心理的瑕疵がある物件です。これも相場よりかなり安く売りに出されることになります。

不動産会社には告知義務があるので、このような事実・情報がある場合、購入希望者にはきちんと説明があります。

「心理的な問題だから、安ければそれでもいい」と考える人は結構いるもので、業者・一般人を問わず、ひそかな人気ジャンルとなっています。

9「再建築不可」の物件はお宝と言えるのか

条件付きお宝物件もある

第1部第3章「**91**ページ」でも少し触れましたが、「接道義務違反」（敷地が幅4メートル以上の道路に2メートル以上接していない）であるために「再建築不可」となっている物件があります。建て替えができないので、周辺相場よりも安くなっています。

これも意外と人気があり、「建て替えできなくてもいいから、安い戸建てに住みたい」という高齢者や、賃貸経営目的の不動産投資家などが買っていきます。

ただ、なぜ再建築不可なのかというと、消防上の危険が最も大きな理由です。狭い道路にしか面していないようだと、消防車が入ってこられないのは当然のこととして、避難すらできなくなる恐れがあります。

また、見た目には道路に見えても、正式な道路認定がない場合も同じです。道路の所有

図表15◆「再建築不可」を再建築可能にする方法

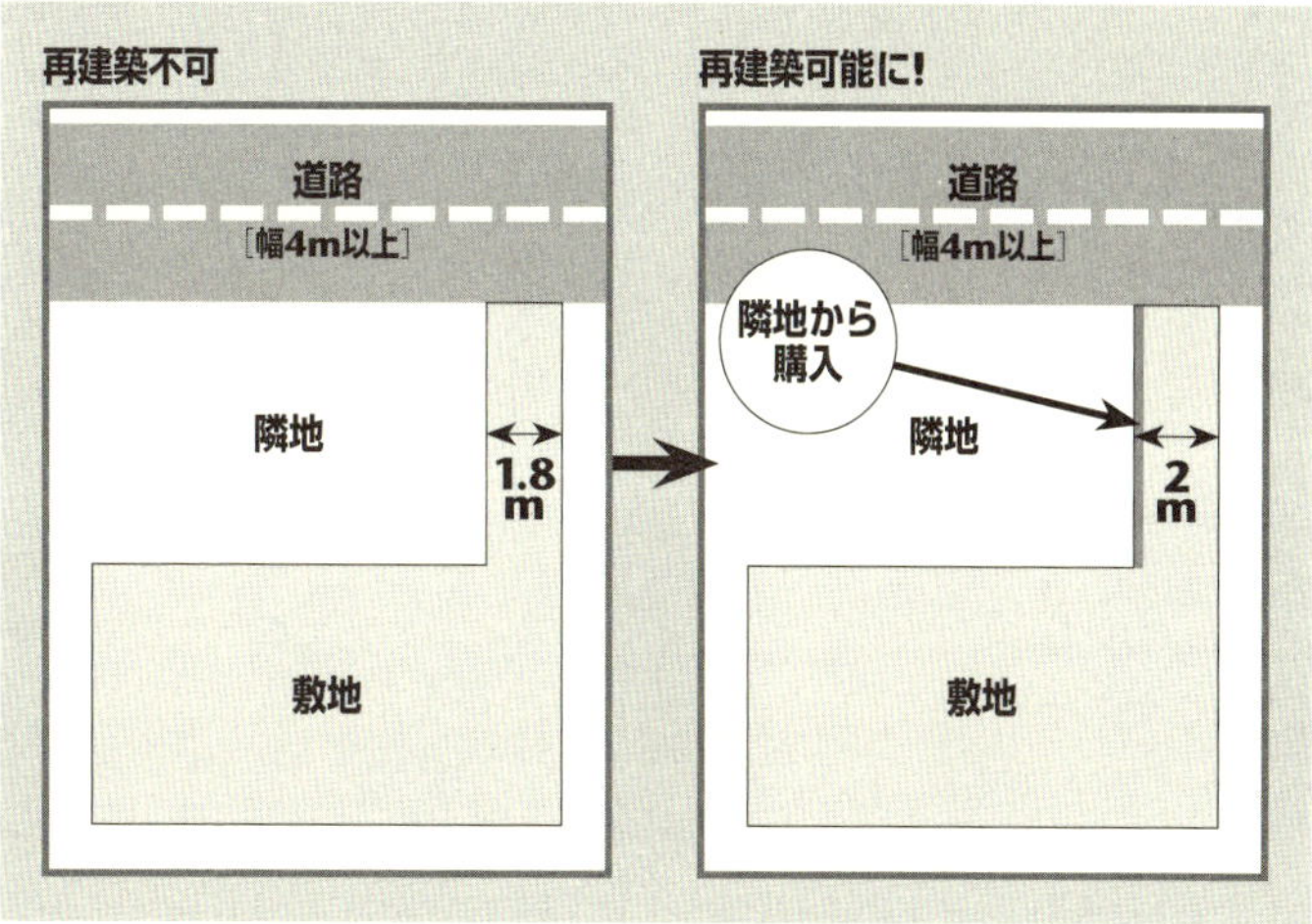

者が個人であれば、所有者の一存で道路以外の用途にいつ変わるかわかりません。そうなると、そこに接していた土地は避難路を失うことになります。ですから、建物を建ててはいけないとされているのです。

もしも、お隣の敷地を少しだけ買い取ることで、大きな道路から自分の敷地に入ってくる細い道路を広げることができれば、再建築可能な物件に生まれ変わるケースもあります［図表15参照］。そうした物件は、やはりプロが目をつける場合が多いものの、将来的な可能性があると、現金購入される方もいます。

また、「建物が今にも崩れ落ちそうだが、住む場所はここしかない」などといった特別な事情を市役所などに訴えることで、建ぺい率・容積率などの条件が厳しくなるものの、再建築が許可される場合もあります。見た目は道路でも法律上は道路ではないのが、遊歩道です。敷地が幅4メートル以上の遊歩道に2メートル以上接していたとしても、再建築不可とされます。

しかし、この場合も例外があり、建ぺい率・容積率が制限されるなどの条件付きで、建て替えはおそらく許可されるでしょう。むしろ目の前が遊歩道であるために日当たりがよいはずで、環境面では好条件と言えます。このような物件もお宝度が高いと考えられます。

再建築不可物件が、本当に建て替え不可能なのか、それとも一定の条件を満たせば許可されるのかを知るには、市役所などの建築課で確認してみるとよいでしょう。

古いマンションは「既存不適格」が多い

1968（昭和43）年以前に建てられた古いマンションには、建築後に建ぺい率・容積率のルールが導入された結果、現状の規定には適合しなくなっている「既存不適格」物件がよくあります。

土地に対して規定以上の大きさの建物が建っているので、もし老朽化して建て替えようとしても、現状より狭い建物しか建てることができません。そのため、建て替えることへの区分所有者の合意を得ることは難しく、将来的に問題が生じることになるので、購入はあまりおすすめできません。

また、現在の新耐震基準が導入されたのは1981（昭和56）年なので、それ以前に建てられた建物には注意が必要です。具体的には、マンションの建築計画が申請・認可されてから実際に物件が発売されるまでに2年ほどかかるので、新耐震基準のマンションが市場に出てくるようになったのは1983（昭和58）年以降です。しかも、1983年に建てられたマンションの中には、まだ旧耐震基準の物件が紛れ込んでいるので、気をつけてください。

ただし、1983年以前のマンションの中には、耐震補強をしている物件もあり、それらの中にはお宝物件が隠れている可能性は残されています。

ちなみに、戸建ての場合、建築にかかる時間がマンションよりも短く、建築計画の申請・認可から発売までにかかるのは半年ほど。つまり、1982（昭和57）年に建てられた戸建てには、新耐震基準と旧耐震基準が混在していることになります。

第6章 ムダな出費を抑える「価格交渉」術

1 売却理由に隠されたヒント

売り急いでいる物件は値下げしやすい

そもそも、不動産の売買で価格交渉は可能でしょうか。

売り主が個人ではなく、不動産会社なら、値下げできるかどうかは交渉次第です。不動産会社は、ビジネスである以上、一定期間売れない場合などは、損切りという儲《もう》けなしの状態でも処分することがあります。ただし、人気のあるエリアや反響の大きい物件では値下げが極端に難しい場合もありますので、買い主側の不動産会社と作戦を練ることが重要です。

売り主が個人か不動産会社かは不動産広告で確かめることができます。売り主の欄に不動産会社の名前が書かれていたり、物件価格に「(税込)」という消費税が含まれている表示がされていたりすれば、不動産会社が売り主であるとわかります。

一方、売り主が個人である場合は、価格交渉できるかどうかは条件によります。交渉しやすいのは、売り主が何らかの理由で売却を急いでいる時です。

「自宅の買い替えで次の物件が決まっている」「海外転勤が決まっているので3月末までに売りたい」「家を相続したが相続税が払えないので処分したい」「離婚したので財産分与したい」などといったケースです。

売らなければならない期限が決まっていて、その期限が近づいていればいるほど、値引きの余地は大きくなります。不動産広告にある「引き渡し時期」を見れば、そのヒントが隠れています。「即引き渡し可」となっていれば、すでに退去しており、急いでいる可能性もあるでしょう。

買い替えの際には、自宅の売却を前提条件として新居の購入契約を結んでいるケースもあります。自宅が売れなければ新居に移ることができないので、売り主としては早く売りたいと考え、値引きに応じてくれやすくなります。

売却理由などを不動産会社に聞いてみましょう。個人情報に触れない範囲で答えてくれるはずです。

そして、その物件がいつから売られているかもポイントになります。

物件の売却は、ストレスがたまる作業です。何度も内覧者が来て、そのたびに対応しなければならないからです。その物件が長い期間売りに出されたままだとすれば、売り主は「いい加減に売りたい」と思っていると考えられます。まさに値引き交渉のチャンスです。

ただし、売りに出している期間中に、何度か価格を下げているのであれば、それ以上の値引きは難しいかもしれません。物件価格が、「最初からその価格なのか」「何度か値下げした結果その価格になったのか」は、確認する必要があるでしょう。

❷「間取り図」でわかる価格交渉の可能性

人気のない物件は価格が安くなる可能性がある

不動産広告の間取り図からも、価格交渉の可能性があるかどうかを推し量ることができます。

不動産も他の多くの商品と同じように、需要と供給で価格が決まります。ということは、需要が少ない、人気のない物件は価格が安くなる可能性があるということです。

人気がない物件の代表が、間取りがよくない物件です。

マンションなら、リビングとダイニングが離れていたり、やけに狭い部屋があったり、全体の形がいびつでデッドスペースが多かったりと、間取りの使い勝手が悪い物件はたとえ築浅であっても人気が下がります。

そのような物件に、同じくらいの専有面積の物件と変わらない価格がついていたら、間取りの悪さを理由に値下げ交渉できる可能性はあります。購入後は、値下げして浮いたお金を使って、リビングを広くするなどの大規模リフォームを行えば、住みやすい部屋になります。

戸建てで人気がないのは、建物が小さすぎる物件です。

前章「**137**ページ」でも書きましたが、建物は小さくても土地が広く、増築の余地がある物件を見つけたらラッキーです。増築の必要性を訴えて値下げ交渉できる可能性が高いからです。

そして、買った後に増築することで、理想の間取りの家ができあがります。もちろん、実際には増築せずにそのまま使い、しばらく経ってから建て替えるのでもいいでしょう。「間取りが悪いから買わない」ではなく、「買ってから自分のアイデア次第で何とかなる」と発想を転換すれば、安く購入できる物件の選択肢が広がります。

❸「不動産登記簿」でわかる価格交渉の可能性

売り主のローン残高も交渉材料に

売り主の住宅ローンが残っているか、あるいはすでに払い終わっているかで、値引き交渉できるかどうかが変わってきます。

例えば、築浅の物件では、ローンがまだまだ残っていると考えられるので、大きな値引きは難しい場合が多いでしょう。

反対に、すでにローンを払い終えている場合は、売り主は多少の値引きに応じてくれる可能性があります。

売り主のローン返済状況は、不動産登記簿（登記事項証明書）から推測できます。不動産登記簿とは、その不動産のこれまでの取引履歴や所有者、権利関係が記された書類で、法務局に行けば誰でも確認することができます。また、法務省による「登記・供託オンライン申請システム」〔http://www.touki-kyoutaku-online.moj.go.jp〕や、一般財団法人民事法務協会による「登記情報提供サービス」〔http://www1.touki.or.jp〕を使えば、インターネットでも請求・閲覧できます。

不動産登記簿は土地登記簿と建物登記簿に分かれ、それぞれの中身は「表題部」「甲区」「乙区」で構成されています〔**図表16**〕。

不動産登記簿のチェックポイント

表題部◆土地の場所や地番・地目、建物の場所や種類・構造が書かれている。不動産広告と相違ないかチェック。

甲区◆過去から現在までの所有者や、所有権移転の理由が書かれている。現在の所有者が誰か、売り主本人が所有者かを確認する。

乙区◆所有権以外の権利（地上権、賃借権、抵当権）に関する事柄が書かれている。抵当権を設定されている場合、借金が残っていることになる。売買契約後に抵当権抹消の手続きをする必要がある。

図表16◆不動産登記簿(登記事項証明書)[例]

○○県○○市○○町○○○○－○　全部事項証明書　(土地)

【表題部】(土地の表示)		調製 平成○○年○月○日	地図番号	余白
【不動産番号】	1234567890123			
【所在】	○○県○○市○○町○○	余白		
【①地番】	【②地目】	【③地積】m²	【原因及びその日付】	【登記の日付】
9999番3	宅地	100:00	9999番1から分筆	平成○○年○月○日

【権利部(甲区)】(所有権に関する事項)				
【順位番号】	【登記の目的】	【受付年月日・受付番号】	【原因】	【権利者その他の事項】
1	所有権移転	平成○○年○月○日 第○○○○号	平成○○年 ○月○日売買	所有者 ○○市○丁目○番○号 ○○ ○○

【権利部(乙区)】(所有権以外の権利に関する事項)				
【順位番号】	【登記の目的】	【受付年月日・受付番号】	【原因】	【権利者その他の事項】
1	抵当権設定	平成○○年○月○日 第○○○○号	平成○○年 ○月○日金銭消 費貸借同日設定	債権額 金○○○○万円 利息 年○% 損害金 年○% 債権者 ○○市○丁目○番○号 ○○ ○○ 抵当権者 ○○県○○市 ○丁目○番○号 株式会社○○○○○○

ローン残高の有無を知るには、乙区を見ます。乙区には、この物件を担保にして、どの金融機関から、いつ、どれくらいのお金を借りたかが記載されています。その内容から、現段階でのローン残高を大まかに推測することができます。また乙区を見て、「抵当権抹消」の記載があれば、住宅ローンはすでに返し終わっていることがわかります。

売り主が物件を購入したのではなく、相続して取得した場合もあります。不動産登記簿では「甲区」の「原因」欄に、相続の記載があります。相続絡みの売却の場合も値引きに応じてくれる可能性があります。

❹ 「解体費用」を値引き交渉の材料に使う

古い建物が残っているからこそ安くなる

中古の戸建てを探している人で、住みたいエリアが決まっている場合は、住宅だけでなく土地も探してみるといいかもしれません。「古家付き」の土地物件で掘り出し物を見つけられる可能性があるからです。

古家とは、その名の通り古い家のこと。築年数は関係なく、築20年でも古家付きと呼ばれることもあります。

このような物件は、あくまでも土地がメイン。建物は売買契約後に解体されることを想定しています。周辺の土地価格よりも安くなっている場合は、解体費用を見込んで安くしていると考えられます。もし、古家付きなのに周辺の土地相場と同じくらいの価格になっていたら、解体費用が必要であることを前提に値引き要求ができます。

一般的な解体費用は、30坪（100平方メートル）程度の木造住宅なら1坪あたり4万～5万円程度で、30坪の家で総額120万～150万円くらいになります。同様の鉄筋コンクリート住宅なら1坪あたり8万～12万円程度で、30坪の家で総額240万～360万円くらいになります［図表17］。

また、浄化槽があると別途10万～20万円ほどの費用がかかります。井戸がある場合は、埋め戻しに数万円、お祓《はら》いにも数万円程度の費用がかかります。これらの解体費用は廃材の処分場不足やリサイクル促進という観点から年々増加傾向にあります。

解体費用は値引き交渉の材料に使うことができます。もちろん、解体費分を値引きしてもらったからといっても、すぐに解体する必要はなく、住める建物であれば、リフォームしてそのまま住んでも問題ありません。

古家付き土地にある建物は、今にも崩れそうな家のこともあれば、まだまだ十分に使える家が建っている場合もあります。いずれのケースも「瑕疵《かし》担保保証なし」が条件となっていることが多いでしょう。つまり、「欠陥が見つかっても責任を負いません」ということです。

築年数や外見からまだまだ十分に住めそうと予想したなら、必ずインスペクションを実施したうえで、最終的に購入していいかどうかを判断します。

図表17◆解体工事の見積書[例]

(仮称)○○様邸 解体工事				
見積書				
件名	数量	単位	単価	金額
A. 仮設工事				
防災シート養生	224	m^2	500	112,000
重機回送費	1	式	50,000	50,000
小計				162,000
B. 解体工事				
木造2F 建物解体 機械解体	104	m^2	3,000	312,000
地下室基礎 解体 機械解体	52	m^2	18,000	936,000
同上廃材運搬処分	1	式	576,000	576,000
同上ガラ材運搬処分	1	式	432,000	432,000
小計				2,256,000
C. その他工事				
樹木撤去処分	2	台	88,000	176,000
レンガ花壇撤去処分	1	台	40,000	40,000
残置物撤去処分	3	台	80,000	240,000
残土入れ	52	m^3	7,000	364,000
小計				820,000
値引き				-89,852
計				3,148,148
消費税(8%)				251,852
合計				3,400,000

見積条件
＊残置物処分は別途となります。
＊地中障害(井戸・杭・地下室・浄化槽・耐圧盤・基礎以外の障害物等)は別途となります。
＊外壁にアスベスト含有の場合は別途となります。
＊上記の工事以外(近隣家屋調査・アスベスト・ガードマン等)は別途となります。
＊2t車が私道に入った場合の見積となります。
＊着手金50%、残金完了後50%、1週間以内振込の見積となります。

5 価格交渉のベストなタイミングはいつか

購入申込書で希望を伝える

価格交渉に臨むタイミングは、購入申込書を提出する段階です［図表18］。

希望に合った物件が見つかり、インスペクションを実施して、購入の意思が固まったら、購入希望価格やその他の条件を記入した「不動産購入申込書」［図表19］を提出します。

気をつけたいのは、購入の意思がないのに価格交渉をしてもまったく意味がないということです。不動産広告を見た時や物件見学をした時に、「試しに」と価格交渉をしてみても、相手にされないどころか、売り主の心証を悪くする可能性もあります。

買い主が売り主と条件を具体的に交渉できるのは、あくまでも購入申込書を提出するタイミングです。ここに希望する値引き後の金額を記入します。

購入申込書は「この条件なら買いますよ」と契約の意思を伝える書類です。提出したか

図表18◆物件見学から引っ越しまでの流れ

物件見学	
↓	
インスペクション（瑕疵保険検査）	インスペクションでリフォームの見積もりやリスク洗い出す。［あわせて瑕疵保険検査ができるのが理想。瑕疵保険に入れるかどうかの検査も行う。詳しくは44～51ページ参照。］
↓	
購入申し込み	この段階が売り主と買い主の唯一の交渉の場。お互いに納得できる条件交渉を目指す。納得できたら「不動産購入申込書［図表19参照］」に記入。
↓	
売買契約	契約時には手付金が必要。手付金は売買代金の10%が目安。
↓	
融資申し込み	通常は購入後に融資の審査をする。場合によっては購入前のケースもある。融資が否決されたら売買契約が白紙になる「住宅ローン特約」を必ずつける。
↓	
融資承認	住宅ローンの審査［172～173ページ参照］が通れば引き渡しを待つのみ。購入条件がきちんと守られているかチェックする。
↓	
引き渡し・所有権移転	物件残代金を支払い、買い主名義へ所有権の移転を行う。
↓	
引っ越し	

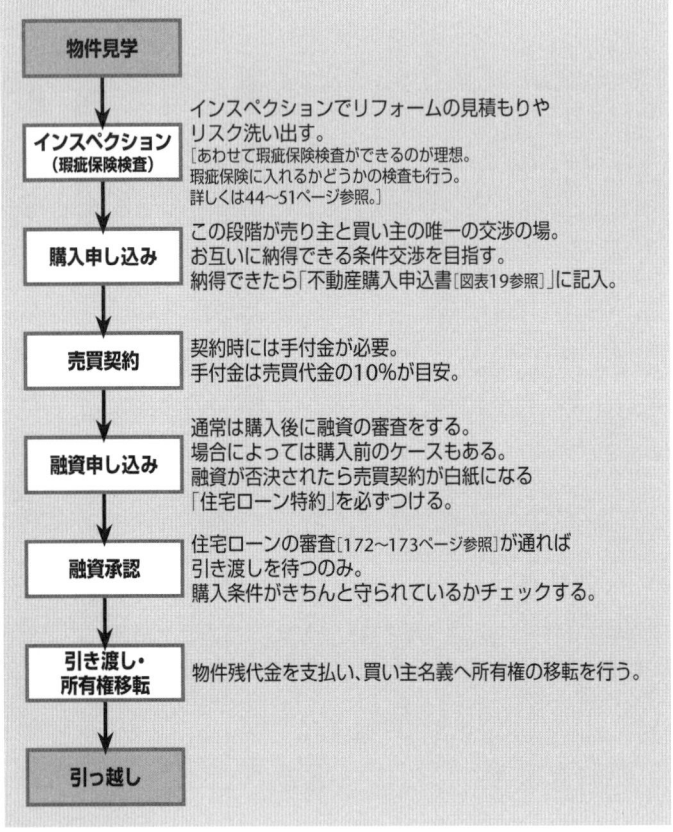

図表19◆不動産購入申込書［例］

不動産購入申込書

私は、貴社より紹介されました下記内容の不動産を以下の条件にて購入いたしたく申し込みをいたします。

【購入条件】

1. 購入価格・支払い方法

購入価格	円也	
手付金	円也	契約締結時支払い
中間金	円也	令和　年　月　日
残金	円也	令和　年　月　日

2. 購入条件

3. 契約予約日

契約日	令和　年　月　日（　）　AM／PM　：
契約場所	弊社（　　　　）・その他（　　　　）
申込有効期限	令和　年　月　日（　）

4. 物件の表示

物件名			
土地所在地		建物所在	
地番		家屋番号	
地目		種類	
地積	m^2	構造・延床面積	m^2

ご購入申込者

令和　年　月　日

住所

氏名　　　　　　　　印

らといって法的に契約が確定するものではありませんが、基本的にはこの申込書が通ればほぼ契約に至ると考えてください。購入申込書に記入する前に、不動産会社を通して売り主側と口頭で交渉してもらい、内諾をもらっておくのも手でしょう。

購入申込書に記入する価格（値引き後の価格）については、購入後にどのくらいのリフォーム費用がかかるかなどを考慮して、不動産会社と相談しながら決めましょう。

購入申込書には、引き渡し時期や引き渡し条件も記入します。例えば、「引き渡しまでに測量を終えてほしい」「室内をクリーニングしてほしい」などという要望や、置いたままにしてほしい設備（エアコンや棚など）の指定を記入します。

購入申込書は不動産会社を通して売り主に提出されます。その後、契約条件の調整が行われることもあります。調整後に合意に達したところで、売買契約に進むことになります。不動産会社が売買契約書を作成し、買い主との間で売買契約を交わします。いったん契約すると原則的に後戻りはできません。

❻ 価格交渉は見学の時から始まっている

気に入ったところを褒める

売り主にとっては、これまで住んできて愛着のある家を、できれば値引きしないでそのままの値段で売りたいもの。それを根拠もなく何百万も値引きしろと言われれば、いい気はしません。

また、個人差はあるものの、売り主は「自分の資産をゆずる」だけでなく「コミュニティもゆずる」という感覚を多少なりとも持っています。地域のコミュニティを乱すような人には売りたくないと考えるわけです。

売り主に嫌われれば、個人的な感情で「あの人には売りたくない」と思われてしまうこともあり得ます。反対に、気に入られれば、「あの人なら安く売ってあげてもいいか」となるかもしれません。

価格交渉の下準備は、売り主の立ち会いの下に行われる現地見学から始まっています。見学の際には、「あそこが汚い」「この設備が古い」などとマイナス面を指摘するようなことは避け、プラス面を褒めるようにしてください。

「築20年にはとても見えません」「広くていい間取りですね」「注文建築と聞いていますが、さすがにしっかりしていそうですね」「この辺はとてもいいところですね」などと言われて、悪い気のする人はそういないでしょう。

無理に褒める必要はなく、購入したくなった理由、気に入ったところをあげていけば、結果的に褒めることになります。

褒めながら、「メンテナンスはどのようにされていますか?」「建築した時の設計図は残っていますか?」「ご近所付き合いは頻繁ですか?」「うちは小さい子供がいるのですが、ご近所に子供がいる家庭はありますか?」などと質問していけば、それとなく情報収集することもできます。

売り主への要望はほどほどに

また、購入申込書を提出する際に価格だけでなく条件の要望も伝えますが、この要望が細かすぎて嫌われてしまうこともあります。

私が体験したあるケースでは、売り主は建物を利用する人はいないだろうと、引き渡し前に建物の解体をするつもりでいました。すると、買い主から「この壁だけ壊してくれ」「庭の木はこの木と、あの木は残してくれ」などとさまざまな細かい要望がありました。売り主は嫌気が差して、その人に売るのをやめてしまいました。

ほかの例では、「屋根を直したが記録は残っていない」という売り主に対して、買い主が「いつ直したのか。直した履歴がなければ困る。詳しく調べてくれ」などとしつこく迫って、売り主の機嫌を損ねてしまい、その交渉は決裂してしまいました。

必要以上に細かい買い主という印象を与えてしまうと、売り主は契約後のトラブルを懸念してしまうのです。

売り主と親しくなる必要はありませんが、価格交渉を有利に進めるためにも、売り主に嫌われないように注意しましょう。

⑦ 価格交渉では本気度が問われる

いたずらな値引き交渉は失敗しやすい

売り主が個人の場合、あまりに気楽な気持ちで値引きを要求しないほうがいいでしょう。例えば、3700万円で売りに出されているところを、「とりあえず3200万円から始めて、3200万円がダメなら3300万円、それがダメなら3400万円と次々に価格を提示していく……」というような交渉はあまりおすすめできません。

個人にとって、目の前の札束が一つ消えること（100万円単位の値引き）にOKを出すのは、相当な覚悟が必要だからです。売り主には大切にしてきた自宅に対する思いもあります。やみくもな値下げ要求で機嫌を損ねてしまい、売ってもらえなくなることもあり得ます。

多くの場合、褒めるところが多い物件であればあるほど、その物件のことが気になっている人の数も増えていきます。「自分がいいと思う物件は、ほかにもいいと思う人がいる」と思ってください。同じくらいの予算と条件で探している人は少なからずいるものです
　本気で欲しいという姿勢を見せなければ、交渉の土俵にも上がれません。いたずらに値引き要求するのではなく、「この条件でこの価格なら絶対に買う」という意思を伝える必要があります。

⑧ 住宅ローンの事前審査を終えておくと交渉しやすい

住宅ローンの本審査には1～2週間かかる

住宅ローンで購入費用をまかなおうと考えている場合、金融機関の事前審査を受けて、自分がどのくらいの金額を借りられるのかの感触をつかんでおくと、購入申込書の提出時に値引き交渉を行いやすくなります。

金融機関による住宅ローンの本審査は、売買契約後に行われますが、住宅の売買契約では、住宅ローン審査が通らなかったら契約を白紙にできる「住宅ローン特約」をつけるのが一般的です。

ただ、住宅ローンの本審査には1～2週間かかります。売り主としては、契約後にローンが組めずに契約がキャンセルになってしまったら、その期間がムダになってしまいます。ローンの審査が通るかどうかわからない人に「値引きしてくれ」と言われても対応したくないと考える人もいます。そのため、売り主から、契約前に住宅ローンの事前審査を済ませるよう要求されるケースもよくあります。

金融機関での事前審査は、借りたい人の情報と物件の情報を提出すれば、早ければ1日で、かかっても1週間以内には内定を取ることができます。あくまでも事前の内定であり、正式な融資承認ではありませんが、売り主と交渉する際の材料にはなります。

なお、売買契約時には手付金を支払いますが、この「住宅ローン特約」がついていれば、ローン審査に通らなかった時に手付金は返ってきます。手付金とは購入価格の一部に充当するもので、残りの額を払えば引き渡しとなります。手付金の額に決まりはありませんが、少なすぎる手付金では、売り主側の都合で契約をキャンセルしやすくなるので、できれば購入価格の10％程度を目安に支払っておくべきでしょう。

また、一つの物件で内定をもらっておけば、他の類似する物件でももらえると考えられます。購入申し込みから売買契約をスムーズにするためにも、まずは金融機関で事前審査を受けてみることをおすすめします。審査のための書類は不動産会社に言えばそろえてもらえます。

第7章 家の資産価値を保つ「メンテナンス」のイロハ

1 住宅の価値を維持するためにメンテナンスは必須

資産価値を保つために維持管理を

人間の体と同じように住宅も、定期点検や補修を怠れば、時間の経過とともに不具合が生じたり劣化したりします。そこで大切なのがメンテナンスです。

メンテナンスを怠ってもすぐに重大な問題が発生するわけではないので、どうしても後回しにしがちです。しかし、問題が発覚した時には莫大な費用がかかる状況になっていることも多々あります。また、大地震などが起これば命の危険にもさらされます。

そして、費用をかけても元どおりに復旧できなければ、建物の資産価値が下がってしまいます。将来の売却を視野に入れるのであれば、資産価値をキープし続けるためのメンテナンスが欠かせません。大きな問題が発生する前に、適切な定期点検と早めの修繕を行いましょう。

中古戸建ての維持管理

中古住宅を購入したあなたがまず行うべきことは、維持管理計画を確認することです。まず、築10年以内の戸建てを買った場合で、大手住宅メーカーの建てた住宅なら、メーカーによる維持管理計画が用意されているはずです。その通りにメンテナンスが行われているか、内容を確認してください。

それ以外の建売住宅であれば、基本的に維持管理計画はないので、自分で作成する必要があります。

築10年超の戸建てを買った場合も同様に、維持管理の実施状況を確認し、今後の維持管理計画についても改めて確認します。

築10年超で、維持管理がまったくされていない住宅を買った場合にはどうすればよいでしょうか。

この本でおすすめしているように、インスペクションを実施後に購入した場合には、インスペクション結果に応じてリフォームをすれば、ひとまずは心配ありません。リフォームついでに今後の維持管理についてリフォーム会社に相談してみるとよいでしょう。

インスペクションをせずに買った場合には、まずはインスペクションを実施する必要があります。築10年以上の建物で最も心配なのは雨漏りなので、雨漏り対策としてインスペクションを行い、外壁塗装や屋根塗装の必要性を確認します。インスペクションのついでに、維持管理についても相談してみるとよいでしょう。

昨今では、戸建て住宅の維持管理だけを専門に行う会社も登場しています。料金は月々1000円程度から。この金額で維持管理計画書の作成や定期点検を行ってくれるので、便利で有益なサービスと言えます。利用を検討してみるのもいいでしょう。

マンションの維持管理

マンションの場合、共用部分のメンテナンスについては、管理組合が維持管理計画を立てて実行しているはずです。計画通りに行われているか、定期的にチェックするようにしましょう。

室内（専有部分）のメンテナンスに関しては、各部屋の所有者に任されています。自分で計画を立てて実施しなければなりません。専有部分の維持管理計画を作成しておくとよいでしょう。

戸建てでもマンションでも、やっておくべきこと

先ほどから説明している「維持管理計画」ですが、それほど複雑なものでなくともかまいません。建物の部位別に、何年に一度、点検やリフォームを実施するかを明らかにするだけです。例えば住宅金融支援機構のサイトにある「マイホーム維持管理の目安」「マンション維持管理の目安」を参考にし、一覧を作ってみるとよいでしょう［図表20］。

◆住宅金融支援機構「マイホーム維持管理の目安」「マンション維持管理の目安」◆

	取替えの目安
	-
	15~20年位で全面補修を検討
	15~20年位で全面補修を検討 （3~5年ごとに塗替え）
	20~30年位で全面葺替えを検討
	15~30年位で全面葺替えを検討
	15~20年位で全面葺替えを検討 （3~5年ごとに塗替え）
	7~8年位で全面取替えを検討
	15~20年位で全面補修を検討
	15~20年位で全面補修を検討 （2~3年ごとに塗替え）
	10~15年位で全面補修を検討 （3~5年ごとに塗替え）
	15 ~20年位で全面補修を検討
	土台以外は20~30年位で全面取替えを検討 （5~10年で防腐・防蟻再処理）
	-
	10~25年位で全面取替えを検討
	-
	12~18年位で全面取替えを検討

https://www.jhf.go.jp/loan/hensai/hosyu_kanri.html

戸建てでもマンションでも、維持管理計画の作成とともに必ずやるべきことは、修繕費の積み立てです。

戸建てなら最低でも月額1万円以上の積み立てを始めてください。例えば給湯器が壊れたら20万~30万円くらいはかかります。3年間で最低でも36万円を用意しておくことで、そのような急な出費に備えることができます。ただし、シロアリ対策用の防蟻《ぼうぎ》処理費用は別です。シロアリは南に行くほど増えるので、リフォーム会社に自分の住む地域の平均的

図表20◆マイホーム維持管理の目安(戸建て・木造)の一部

	点検部位	主な点検項目	点検時期の目安
屋外部分	**基礎**		
	コンクリート基礎立上り	ひび割れ、蟻道、不同沈下、換気不良、欠損、さび	5〜6年ごと
	外壁		
	モルタル壁	汚れ、色あせ、色落ち、割れ、はがれ	2〜3年ごと
	タイル貼り壁	汚れ、割れ、はがれ	
	サイディング壁(窯業系)	汚れ、色あせ、色落ち、割れ、シーリングの劣化	3〜4年ごと
	金属板 サイディング壁(金属系)	汚れ、さび、変形、ゆるみ	2〜3年ごと
	屋根		
	瓦葺き	ずれ、割れ	5〜6年ごと
	屋根用化粧スレート葺き	色あせ、色落ち、ずれ、割れ、さび	4〜6年ごと
	金属板葺き	色あせ、色落ち、さび、浮き	2〜3年ごと
	雨どい(塩化ビニル製)	つまり、はずれ、ひび	
	軒裏(軒裏天井)	腐朽、雨漏り、はがれ、たわみ	
	バルコニー・濡れ縁		
	木部	腐朽、破損、蟻害、床の沈み	1〜2年ごと
	鉄部	さび、破損、手すりのぐらつき	2〜3年ごと
	アルミ部	腐食、破損	3〜5年ごと
躯体部分	**床組、軸組、小屋組等**		
	土台、床組	腐朽、さび、蟻害、床の沈み、きしみ	4〜5年ごと
	柱、はり	腐朽、破損、蟻害、割れ、傾斜、変形	10〜15年ごと
	壁(室内側)	割れ、雨漏り、目地破断、腐朽、蟻害、さび	
	天井、小屋組	腐朽、さび、はがれ、たわみ、雨漏り、蟻害、割れ	
	階段	沈み、腐朽、さび、蟻害、割れ	
外構・その他	**その他**		
	郵便受け	固定不良、破損、腐食、変形	1年ごと
	門・塀	傾き、はがれ、ひび割れ	
	警報装置	機能不良、破損	
	防犯装置		

[注]「点検時期の目安」および「取替えの目安」は、建物の立地条件、使用状況及び日常の点検やお手入れの程度によって変わってきます。本表に掲げている数値は、大体の目安を示したものです。
出典:住宅金融支援機構

な防蟻処理の頻度や費用を聞き、それをもとに積み立てておくことをおすすめします。

マンションなら、管理組合が徴収する管理費・修繕積立金とは別に、専有部分用として最低でも毎月3000円は積み立てておきたいところです。

リフォームにかかる費用

リフォームにかかる費用は、工事内容や使用する設備・材料のグレードによって大幅に異なります。大まかな目安を**図表21**に掲載していますので、参考にしてください。

リフォーム費用の目安としては、フローリングの張り替え、クロスの張り替え、水回り（キッチン・バスなど）の交換などといった内装のみで300万〜500万円程度。戸建て住宅で外装も含めたリフォームなら700万円程度までが妥当な額だと思います。

ただ最近では、かなりのお金をかけてリノベーションして、自分の好みの住宅に仕上げたいという人が増えています。中には1000万円以上かけてリフォームする人も少なくありません。考え方はそれぞれなので否定はしませんが、リフォーム費用が多大になりすぎると、ローンの負担が重くなることには注意しておいたほうがよいでしょう。

リフォーム費用については、スケルトン（躯体）とインフィル（内装）それぞれにかける費用のバランスを考慮する必要がありますが、インフィルのほうにたくさんのお金をか

図表21◆リフォームの時期と費用の目安

	部位	時期［何年に一度か］	費用
内装	部屋扉など内部建具［12カ所として］	25〜30年	80万円
	壁（クロス）張り替え［部屋面積70m²分］	10年	30万〜40万円
	フローリング［60m²分。簡易な重ね張り工法。張り替えなら費用は倍になる］	20年	50万円
水回りなど	給湯器交換	10〜15年	20万〜30万円
	システムキッチン本体交換	20〜25年	50万〜150万円
	給湯器水栓・コンロ交換	10年	15万円
	レンジフード交換	10〜15年	10万円
	ユニットバス	20〜25年	50万〜100万円
	洗面化粧台	15年	15万〜30万円
	トイレ	15〜20年	10万〜15万円
床下	防蟻	5年［地域による］	15万円
屋根	スレート塗装［足場なし］	10年	20万〜30万円
外壁	サイディング／モルタル塗装［足場含む］	7〜10年	100万〜150万円

＊すべて工賃込み

けても、15年後に売却を検討した時には、その価値は0円になっている可能性があります。そういった点も考慮して、費用の配分を判断してください。

リフォームを実施した際は、第1部第1章［51ページ］で紹介した「住宅履歴情報」を登録しておくことも重要です。点検や修繕工事に関する記録も貴重な住宅履歴情報なので、実施後には必ず記録しておくようにします。

住宅履歴のない住宅は売却時に不利になります。住宅に関する情報をすべて登録しておけば、適切に維持管理していることを買い主に対してアピールできます。それが売却時の価格に反映されるのです。

❷ 信頼できるリフォーム会社を見つけるには

リフォーム瑕疵保険の登録事業者が目安

現在、国は中古住宅・リフォーム市場の拡大のために、建物の使用価値を適正に反映できる建物評価手法の整備を進めています。今後、その手法が整備されれば、建物価値を維持・向上させるための定期的なリフォームがより重要になってくるでしょう。

リフォームを成功させるには、何よりもリフォーム会社選びがポイントになります。

傷んだ部分を修繕するメンテナンスリフォームなら、クロス張り業者や塗装業者などの専門会社に頼んでもいいかもしれません。

しかし、国土交通省が建物の価値として評価しようとしているのは、省エネ、バリアフリーなどの性能向上リフォームや、建物の品質・性能を長持ちさせる長寿命化リフォームであり、そのためには間取りの変更を伴うような大規模な工事が必要になることもあります。

大規模リフォームをするには、建物全体のことを考慮しながら施工できるスキルが欠かせないので、優れたリフォーム会社や工務店などに依頼するのが最適と考えられます。長い付き合いで継続的にアドバイスをくれる、主治医のようなリフォーム会社を見つけられれば理想的です。

では、どのようにして信頼できるリフォーム会社を探せばよいのでしょうか。

不動産会社に紹介してもらうという方法もありますが、スキルの高いリフォーム会社とネットワークできている会社は多くありません。私がおすすめするのは、一定の技術レベルを有するリフォーム会社の団体である「一般社団法人日本住宅リフォーム産業協会」[http://www.jerco.or.jp]の会員を検索する方法です。この団体の会員は、性能向上も含めた幅広い提案を行ってくれます。

また、「リフォーム瑕疵《かし》保険」を利用できるリフォーム会社も一つの目安になります。リフォーム瑕疵保険は、リフォーム工事の検査と保証がセットになった保険で、発注者からの依頼によりリフォーム業者が加入するものです。もしも工事部分に欠陥が見つかった場合、保証書に基づき、リフォーム会社が無料で補修をしてくれます。また、リフォーム会社が倒産している場合には、補修費用などの保険金が支払われます。そして、この保険では、リフォームの施工中及び工事完了後には、第三者検査員（建築士）による現場検査が入るため、質の高い施工が実現されます。

リフォーム瑕疵保険では、リフォーム工事を実施したすべての部分が保険対象になります。保険期間は場所（部分）によって異なり、「構造耐力上主要な部分」「雨水の浸入を防止する部分」が5年間、その他の部分が1年間。保険料は5万円程度からで、工事内容によって異なりますが、リフォーム会社の見積書に含まれてくるはずなので確認してください。

リフォーム瑕疵保険を利用できるのは、国土交通大臣により指定された保険会社に登録された事業者のみです。問題のある事業者は登録を抹消されるので、登録事業者ならばひとまず安心できると言えるでしょう。

住宅瑕疵担保責任保険協会の「登録事業者等の検索サイト」（http://search-kashihoken.jp/）で、所在地や会社名などから登録事業者を検索できます。

❸ 見積書でわかるリフォーム会社の良しあし

「坪単価」の見積もりに注意

リフォームをする際の大きな不安の一つが、お金の問題です。「見積もりの内容がわかりづらい」「オプション工事費がかさみ、当初の見積もりより大幅に高い費用を請求された」「粗悪な工事に高い費用を払わされるのではないか」など、不安や悩みは尽きません。

これらの不安の大部分は、見積もりをきちんと取ることで解消できます。基本的には複数の業者に希望の条件を伝え、同じ条件で相見積もりを取るようにします。

大手リフォーム会社や不動産会社系のリフォーム会社によくあるのが、1坪あたりの単価を提示し、「20坪×20万円＝400万円」などと坪単価だけで計算した見積もりや、「キッチン一式」などといったアバウトな見積もりです。これでは、どの箇所にどのような費用がかかっているのか、まるで把握できません。

詳細な見積書を作成する作業は大変です。一つ一つ工事箇所を拾って、仕上げ材、設備などを洗い出し、数量と単価をかけ合わせ、それを積算していく必要があるからです。しかし、きちんとした業者ならば、手間をかけても丁寧な見積もりを出してくれます。見積書を見れば、リフォーム会社の良しあしがわかると言っても過言ではありません。

詳細な見積書があれば、そこから自分なりにカスタマイズすることも可能になります。例えば、「クロスのグレードを単価1500円から1200円のものに下げて、浮いた分の10万円でキッチンの設備を充実させよう」といったことができるのです。

人生の中で、住宅を買う機会も、大規模なリフォームをする機会も、そうそうあるものではありません。費用を抑え、楽しみながら、自分なりに納得できるリフォームをするなら、まずは詳細な見積もりを出してもらう必要があります。

❹リフォームする前にまずやるべきこと

インスペクションでリスクを特定

前節の内容とやや矛盾しますが、リフォームの見積もりがざっくりとしたものになってしまったり、あるいは追加工事で費用が上乗せされたりすることは、ある程度仕方のない部分もあります。大規模なリフォームでは、実際に工事を始めて、壁の中や床下などを開けて見てみなければわからないことも多いからです。

例えば、壁をはがしたところ断熱材がほとんど入っていなかったため、断熱材の費用が予定より余分にかかってしまったなどといったことが起こり得ます。しかし、お客さまの中には、当初の見積もりから費用が追加されることを嫌がる人もいます。そのため、リフォーム会社はあらかじめ追加工事になるリスクを見越して、高めに見積もることが多いのです。

とはいえ、実際に工事してみて予定より安く済んだとしても、その分を安くしてくれることはありません。

このような問題をなくすためには、工事前と工事開始後、2回の見積もり提出があってしかるべきだと考えます。1回目に詳細な見積もりがあれば、2回目の見積もりでは、どの部分でどのような変更があったから価格はこうなった、と変更点を正確に説明することができます。お客さまとしてもそのような方法であれば、納得できるのではないでしょうか。

さて、見積もりの不透明感をなくすためにも、インスペクションは役立ちます。インスペクションを実施することで、本当に必要なリフォームはどこか、自分が希望しているリフォームが可能かどうかがより明確になります。あえてリフォーム会社とは別のインスペクターに依頼するという方法もありますが、リフォーム会社の中でも水準の高い会社には、インスペクションのできるスタッフがいる場合もあります。これも、リフォーム会社選びの目安となるでしょう。

性能向上リフォームで助成金も

インスペクションを行い、その後にリフォームすることで、助成金をもらえる制度もあります。2014年から開始された「長期優良住宅化リフォーム推進事業」です。

主な事業要件

①リフォーム工事前にインスペクションを行うとともに、工事後に維持保全計画及びリフォームの履歴を作成すること。
②住宅の性能向上のためのリフォーム工事を行うこと。
③リフォーム工事後に少なくとも劣化対策と耐震性について一定の基準を満たすこと。

この3点を満たし、耐震性、劣化対策、省エネなどの住宅性能向上のためのリフォーム工事を実施した場合、工事にかかる費用の3分の1（上限100万円。ただし、すべての評価基準を満たす場合は250万円）を国が出してくれるというものです。

この補助事業は、今後も、しばらく継続される予定です。300万円のリフォームまで3分の1の費用を出してもらえるわけですから、だいぶお得なのではないでしょうか。

ただ、制度の内容が難しいので、かなりスキルのあるリフォーム会社でなければ対応できないかと思います。こうした制度を理解しているかどうかも、よいリフォーム会社を見極める判断材料になるでしょう。

なお、長期優良住宅化リフォームに限らず、リフォームをした場合の施工内容などをきちんと情報として蓄積しておくこと（住宅履歴）はとても大切です。いつ、どのような工事を、どんな材料で、誰が行ったのかといった情報を持っておくと、次のメンテナンス時期を把握しやすくなりますし、次の世代へと住み継いだり売却したりする場合にも住宅の資産価値を保持しやすくなります。

第2部

中古住宅の売り方

第1章 中古住宅の市況を調べよう

1 今後、不動産市況はどう変わるのか

空き家は急増！

不動産の所有者は、常に自分が所有する物件の価格が気になります。例えばマンション

であれば、チラシで入ってくる同じ建物の売り出し価格をチェックしている人も少なくないでしょう。

「投資物件をお持ちの場合の売り時」と「実際に住んでいる家の売り時」はまったく違い、特に後者の場合は、家族や仕事の状況、年齢などいわゆる「内的な要因」が大きく影響し、「売り時」とは、その方々の事情を踏まえたうえで判断することが求められます。

それらを踏まえたうえで、現在の住宅市場について考えてみましょう。

住宅市場で近頃話題となっているのが、「増加する空き家」と「人口減少」です。総務省が2019年4月に公表した「住宅・土地統計調査」によれば、2018年10月1日現在における日本の住宅総数は6242万戸で、このうち空き家は846万戸。空き家の割合は13・6％で過去最高になりました。「7、8軒に1軒が空き家」といった割合です。

今後も空き家は増加するとみられています。野村総合研究所の調査では、2033年に空き家数は1955万戸。空き家率は27・3％に上昇すると予測しています。

人口減少時代の売り時と売り方

中古住宅市場の拡大により一見売りやすくなったとも言えますが、もう一つの課題が「人口減少」です。2025年人口分布図を見ると一目瞭然。これからマイホームを取得する世代、いわゆる「一次取得者」は最後のピークだった2010年から2015年にかけて3割ほど減少していきます。他方で、これから増える世代は「50代」に突入する世代と「70代中盤」という後期高齢者と言われる世代です。今後増加するこの2つの世代は「リフォーム」を行う、もしくは買い替えなどの「売却」をする世代ですので、今後の中古住宅市場を考えれば「売却物件」は自然と増えていくことになります。

売り物件は増えていくのに、肝心な購入する世代は減少の一途をたどる。これが意味することはなんでしょうか？

「売れる家」と「売れない家」の差がハッキリしていくということです。

日本で家を買う方の多くは「家は一生住むもの。売ることは考えていない」と言います。しかし現実には、仕事の変化や、家族の変化、親や親類の状況から多くの物件が売りに出されている事実はあまり知られていません。不動産業者間での物件情報を共有している東日本レインズ（公益財団法人東日本不動産流通機構）の資料によると、首都圏で2018年に売りに出された中古マンションのうち築10年以内の物件は約18％にもなり、中古戸建てにおいても築10年以内の物件の占める割合も約21％です。一生（長年）住んだ後に売りに出されたとは考えにくい築浅の物件が結構あることがわかります。こうした背景を踏まえると、やはり将来的に売却しやすい物件選び、そして売却しやすい定期的な維持管理、さらに売却を成功させるための不動産会社選びはとても重要になってくると言えます。

「中古車」市場に近づく「中古住宅」市場

日本における「中古住宅」の購入に際しては、購入者にとって購入をしやすい環境が整備されているか?と言えば、今まさにその入り口に立った段階と言えます。

例えば、本書にも出てくる「建物の耐震性の不安」や「新築時の設計図書」の有る無し、さらには所有者がどのようなリフォームやメンテナンスをしてきたのか等々、情報がきちんと整備されていないケースが多くあります。

こうした課題に対して、よく「中古車」の市場と比較されます。クルマの購入を検討する際に「新車」もあれば「中古車」もありますが、「中古車」を選択する場合に抱える不安は、「中古住宅」購入に比べると少ないと言えます。ところが、昭和の時代や平成でもまだ始めの頃までは、「中古車」の購入もリスクの高いものでした。

「中古車」と「中古住宅」を比較すると「中古車」市場では、まず新車時に「誰が作った」のかが明確であり「構造等の詳細情報」も入手可能で、さらには「車検制度」があり、「点検記録」も残っています。これだけ見ても、「中古住宅」には欠けている場合が多かったと言えます。しかし、詳しくは第1部第1章「43ページ」で説明したように、「中古住宅」の売買における建物への不安を解消するための「インスペクション」の実施や「瑕疵《かし》保険制度」の活用が整備され、かつ新築時の設計図書や建物の修繕履歴情報を「住宅履歴情報」として蓄積し、その情報を購入者に対し売買時に提供するという仕組みも開始されました。ただ、これだけでは「中古住宅」市場が「中古車」市場に追いつく重要なワンピースが欠けています。

それは「扱う業者が真っ当になる」ということです。

どんなに国が素晴らしい制度を創っても、それを消費者に正しく伝える業者がいなければ機能しません。過去には、「中古車」市場においても例えば「メーター戻し」という問題がありました。簡単に言えば、走行距離を少なく見せるためにメーターをいじり、あたかも新しいクルマであると誤認させるやり方です。ほかに、事故歴の隠蔽などもあったようですが、現在そうした業者不信はかなり払拭されたと言えます。消費者にとって、窓口となる専門の業者への信頼感は健全な市場を形成するうえで、とても重要です。

しかし、現在の不動産業界は本書で提供するような「中古住宅」を安心・安全で取引されるために整備されている仕組みを適正に行っているか？というとまだまだ道半ばと言えます。そうした点も踏まえて、第2部第3章の不動産会社の選び方などのポイントもぜひ参考にしてください。

❷ 売りにくいマンション・5つの要素

こんなマンションは価値が下がりやすい

タイミングにかかわらず、売りにくい物件はあります。次の5つの要素にあてはまるマンションがその例です。もしそこにずっと住み続ける意思がないのであれば、早めに手放すことを一度検討してみたほうがよいでしょう。

①駅徒歩10分超のマンション

中古マンションを買う人が重視するのは立地、特に交通利便性です。

新築マンションを探す人は、「新築だから少々駅から遠くてもしょうがない」と立地の面には目をつぶるという人も多いのです。それに対して中古マンションを求めている人は、「古くてもいいから駅近の便利なマンションがいい」と立地を優先して探しています。

高齢者世帯が郊外の戸建てを売却して、駅近くのマンションに住み替える流れも一般的になりつつありますが、この場合も立地が最重要ポイントです。

今後、駅から徒歩10分を超えるマンションは、市場価値がどんどん下がっていく可能性が高いと言えます。

特にバスを利用しないといけないなど、郊外の不便な立地にある大規模マンションは危険です。築後20年、30年も経つと住人が高齢化して、戸数が多ければ多いほど管理組合の運営・取りまとめが難しくなり、管理状態が悪化してくる可能性もあります。また、徐々に空き部屋が増えていき、それらが売りに出されることで、安くしてもなかなか売れなくなるということもあり得ます。

もちろん、ずっと住み続ける考えなら、どんな立地にあろうが関係ありません。でも、もし「いずれは売却を……」と考えているなら、駅徒歩10分超のマンションは早めに売却してしまったほうがいいでしょう。

②旧耐震基準のマンション

現在の新耐震基準が導入されたのは１９８１（昭和56）年6月1日で、この日以降に建築確認を受けた建物は新耐震基準で建てられています。

旧耐震基準の建物がすべて危険というわけではありませんが、耐震性が十分ではない物件が多く含まれている可能性があるということです。

また買う人にとって旧耐震基準のマンションは、住宅ローンの融資審査の難易度を上げることになります。フラット35（住宅金融支援機構の長期固定金利住宅ローン）であれば耐久性や耐震性の審査を受ける必要があり、民間金融機関のローンであれば融資期間が短くなったりします。

それでもまだ現状では、旧耐震基準のマンションで住宅ローンを組むことができますが、今後は難しくなっていきます。都心の好立地にあるブランドマンションなどは別として、今後わざわざ旧耐震の物件に手を出そうという人は減っていくでしょう。

旧耐震基準のマンションを持っている人は、まだ取引ができる今のうちに素早く売ってしまったほうが賢明です。

なお、耐震補強が施されている物件であれば、新耐震基準と同等の堅牢さを備えているので問題ありません。自分の保有するマンションが新耐震基準か旧耐震基準かわからない場合は、管理会社などに一度確認してみるとよいでしょう。

③総戸数30戸以下の小規模マンション

30戸以下というのは一つの目安ですが、小規模マンションには注意が必要です。小規模マンションでは、戸数の多い大規模マンションに比べてスケールメリットが効かないために、1戸あたりの管理費や修繕積立金が割高になりがちだからです。

現在、修繕積立金が低めに設定されていたとしたら、なおさら将来に不安があります。大幅な値上げをしなければ、大規模修繕が実施できなくなるからです。ところが、いざ修繕積立金を値上げしようとしても、反対する人や滞納する人が現れて、修繕積立金不足になることがあります。大規模修繕ができなければ、建物は劣化し、最終的にはマンションがスラム化してしまう恐れもあります。

特に総戸数20戸未満の場合は注意が必要です。金融機関の中には20戸未満のマンションで自主管理の場合には、住宅ローンを承認しないところもあるからです。

④長期修繕計画通りに修繕が実施されていないマンション

③とも関連しますが、修繕積立金不足などが原因で長期修繕が計画通りに実施されていないマンションも注意が必要です。計画通りに大規模修繕が実施されなければ、建物の

劣化は早まってしまいます。早めの売却を検討したほうがよいでしょう。

⑤賃貸率の高いマンション

投資家や外国人の所有者など、自分は住まずに賃貸に出しているオーナーが多いマンションも注意が必要です。そういったオーナーは管理組合の活動に参加しないので、管理機能が回らなくなる可能性があります。また、民泊トラブルの発生にもつながります。

③ 売りにくい戸建て・5つの要素

こんな戸建ては価値が下がる一方

次に、売りにくい戸建ての5つの要素について考えてみましょう。

①旧耐震基準の戸建て

まずは旧耐震基準の戸建てです。

耐震基準については前節で説明しましたが、マンションと同様に、新耐震基準（1981年6月1日）より前に建築確認を受けて建てられた戸建ても、市場では価値が低いと判断されます。

耐震補強工事をすることもできますが、コスト面から実際に行う人が少ないのが現状です。

旧耐震の戸建ても将来的に住宅ローンを受けにくくなる可能性が高いので、もし買いたいという人がいるのであれば、早めに売ったほうがいいでしょう。

②違反建築の戸建て

次に、違反建築の物件です。

違反建築（違法建築）とは建築基準法や都市計画法などの法令・条例に違反して建てられた建物のこと。

家を建てる際には必ず建築確認を受けなければなりません。そして建物を建てた後は完了検査をして、「建築確認の通りに建てた」ことを証明するものとして検査済証を取得することになっています。現在は、検査済証がない新築住宅は住宅ローンが受けられないことが多いので、9割以上の物件で検査済証を取得しています。

しかし、かつては検査済証がなくても住宅ローンを受けられたので、ほとんどの人は取得せず、1998年における取得率は4割程度でした。しかも古くは、建築確認を受けた後に、建ぺい率や容積率の基準を超えて大きな建物をつくったり、斜線制限（建物の高さに関する制限）に抵触する建物をつくるといったことが当たり前のように行われていました。その結果、違反建築の建物が増えたということです。

図表11「91ページ」で説明したように、建ぺい率とは敷地面積に対する建築面積の割合のことで、容積率とは、敷地面積に対する延べ床面積の割合のことです。このようなそれぞれの土地に対する建ぺい率と容積率は都市計画法で決められています。

実際、建ぺい率・容積率をオーバーしている違反建築の中古戸建ては数多く存在しています。現在、すでにそうした違反建築物件では住宅ローンが借りづらくなっており、その厳しさは今後さらに増していくことが予想されるため、違反建築の戸建てを持っているなら、速やかに売却することを検討したほうがいいと言えます。

また、新築時に検査済証を得ていないと、後から再発行してもらうということはできませんので、検査済証のない戸建てについても、ずっと住み続ける意思がないのであれば、早めに売却を検討したほうがよいかもしれません。

③都市部で駅徒歩15分超の戸建て

マンションほどではありませんが、戸建てでも立地は重要です。駅から近い物件が求められます。

地方の完全なクルマ社会になっているようなエリアでは別ですが、一般的な都市部なら駅徒歩15分よりも遠い物件では、取引される例が極端に少なくなります。

高齢化が進み、住宅に求められる駅からの距離は、どんどん短くなっています。駅から遠い不便な物件ほど、その市場価値が落ちていきやすくなりますので、こちらもずっと住み続ける意思がないのであれば、速やかに売却を考えたほうがいいと言えます。

④災害リスクがある戸建て

昨今、「住宅の買い方」といった本には必ず、災害リスクについての記述があります。自治体のホームページに行き、自分の買おうとしている物件のあるエリアを「地震の揺れやすさマップ」「災害ハザードマップ」などで確認し、リスクが高い場所に立地しているのであれば買うのを避けようという内容です。

東日本大震災以降、災害リスクに対する意識は高まっているので、住宅を買おうとする人の多くが、災害リスクについてチェックしています。災害に遭う確率がかなり低いとしても、災害ハザードマップの「リスクのある地域」に含まれているというだけで、売りづらくなることもあります。

また、ゲリラ豪雨に代表される水害もリスクに含まれます。各行政から公開されている「水害（洪水）ハザードマップ」もチェックが必要でしょう。

今後もこの災害リスクが重要となる傾向は強くなっていくと考えられます。こうした災害リスクが高い地域に住んでいる場合も、早めの売却を検討したほうがいいと言えます。

⑤隣地との境界に測量が必要な戸建て

戸建ての売買におけるトラブルの中でも多いのは、境界に関するトラブルです。境界の確定ができていない戸建ては、買い主から避けられてしまいます。

境界を確定するための測量や境界明示には、20万～100万円の費用と1～3カ月の期間がかかるのが一般的です。特に親の代から住んでいる場合などは、境界を確定する証拠がなかったりして、境界の合意までに何年もかかることも少なくありません。売却を依頼した段階で早めに不動産会社に相談しましょう。

❹ 売らない選択肢についてもきちんと確認する

不動産を利用してお金をつくる方法も

ここまで、売却を前提に解説を進めてきました。しかし、売ってしまってから後悔しないために、家を売らないという選択肢についてもきちんと事前に検討しておいたほうがいいでしょう。

具体的な選択肢としては、次の3つが考えられます。

①賃貸に出す

昨今ではサラリーマンの不動産投資が注目されています。利用するあてのない物件を持っているなら、賃貸に出して家賃収入を得たいと考える人は多いでしょう。

賃貸需要があるかどうかは、エリアによっても異なります。次節で不動産を賃貸に出すことのメリットとリスクについて詳しく解説していますので、まずは確認をしてみてください。

②老後の年金代わりにする

「リバースモーゲージ」を使い、所有する物件を年金代わりにする方法もあります。

リバースモーゲージとは、55歳や60歳など一定年齢以上の人を対象にした融資商品です。自分の土地・建物を担保に入れることで、銀行が定める範囲でお金を借りることができます。そのお金は毎月の年金という形で受け取ることになります。

特徴的なのは返済方法で、借りたお金は契約者が死亡した時に一括返済することになっています。つまり、生きている間は物件を手放すことなく、借りたお金でゆとりある生活を送り、自分が死んだら精算する、というローン商品です。

……と書くと合理的で魅力ある商品のように思えますが、注意すべき点もあります。

それは融資を受けられる限度額が少ないことです。銀行が融資してくれる額は、その物件の「土地評価額の50％」といった限度が決められています。したがって、マンションは土地の持分がほとんどないので、リバースモーゲージの対象にならない場合が多いのです。

またメガバンクや地方銀行がリバースモーゲージ商品を出していますが、多くの銀行で、土地評価額1000万円以上の物件しか担保として認めていません。仮に土地評価額1000万円の物件を持っていたとしても、借りられるのはその50％の500万円が上限なのです。

しかも、この場合の土地評価額は「相続税評価額」程度です。相続税評価額は、市場でやりとりされる「実勢価格」よりも2～3割安い価格に設定されています。

つまり、「都市部の広い土地付きの一戸建て」など、かなり資産性の高い物件を持っている人でなければ、十分な額を借りることはできないということです。したがって、今のところリバースモーゲージは、使える場合と使えない場合に大きく分かれている融資商品と言えます。

③子に引き継ぐ

いずれ子供が住むために引き継ぐというのも選択肢の一つです。

自分たちが使ってきた中古住宅を子供に譲り渡して、メンテナンスをしながら引き続き使ってもらう。これは国の住宅政策も目指す美しい姿と言えます。

現金をそのまま相続させると相続税が高くつきますが、親のお金で家のリフォームを行い、その家を相続させれば、相続する現金を圧縮することができるため、相続税を抑えながら価値の高い家を残してあげられることになります。

しかし、当たり前ですが、親の考え方と子の考え方は違います。親が勝手に引き継がせたいと思っているだけで、子供は欲しくないと思っているかもしれません。

子供に引き継ぐことを考えている場合は、早い段階で一度子供と話し合ってみることをおすすめします。

❺ 賃貸に出すことのメリットとリスク

家賃収入と節税効果

不動産を売却せずに、賃貸に出すことを考える人は多くいます。しかしそのような人のほとんどは、賃貸のメリットばかり見てしまい、リスクについてあまり考えていません。賃貸に出して後悔することがないように、メリットだけでなくリスクも理解しておきましょう。まずは、メリットを３つ紹介します。

メリット❶家賃収入が得られる

最大のメリットは家賃が毎月入ってくることです。

給与以外に毎月の安定的な収入があれば、家計もだいぶ楽になるでしょう。貸す物件が分譲マンションや土地付き一戸建て住宅なら、キッチンなどの設備機器のグレードが高く、一般の賃貸専用につくられた住宅と比べて人気があるので、賃料を高めに設定することができます。

ファミリー向けの間取りの物件は、ワンルームなどに比べて、入退去のサイクルが比較的長いので、安定した経営をできるというメリットもあります。

メリット❷節税になる

自分の物件を賃貸に出すことで、所有するためにかかっていた費用を経費として計上することができます。経費の分だけ所得を圧縮できるので節税になります。

経費になるものとしては、住宅ローンの金利、不動産管理会社に払う管理費などがありますが、**図表22**にあげておきましたので、参考にしてください。

メリット❸戻る家がある

今は空き家になっていても、いずれ住む可能性があるのであれば、一時的に賃貸に出すというのは魅力的な選択肢です。

例えば、親が介護施設に入ってしまい、自宅に帰るめどが立たない場合、自宅に帰れないのなら売って介護資金に充てるという考え方もあります。しかし、一時的に賃貸に出す

図表22◆賃貸に出した場合の経費一覧［金額の目安］

支出を伴うもの	税金	固定資産税（固定資産税評価額の1.4%〈標準〉）、 都市計画税（同0.3%〈最大〉）
	損害保険料	建物にかかる火災保険料 （木造延べ床面積100平方メートルで約2万円／年間）
	仲介手数料	入居者を見つけてもらう際にかかる費用（賃料の1カ月分相当）
	管理委託費	専門の管理業者へ委託した場合の定額費用 （賃料の3～5%／月々）
	修繕費	入居者の退去時にかかるリフォームや、設備の老朽化などによる修理・交換費用（10万円～：広さに応じて）
	その他	マンションの場合の修繕積立金や管理費も経費に含まれる （金額は建物の広さ及び規模により変わる）
その他考慮すべきこと	空室リスク	退去した場合の次の入居者が決まるまでの期間は収入がない （おおむね築10年以内で年間空室率10%、 20年以内15%、20年超で20%）
	家賃下落リスク	初期の賃料は経過年数とともに少しずつ下落する （おおむね築後毎年1%ずつ下落）

方法なら、売却せずに済みますし、空き家にしておくよりも家賃収入が得られるのでお得です。それに、「戻る家がある」という事実は、親にとっても希望になります。

また、もし親の自宅を賃貸に出している間に親が亡くなって、その家を相続することになった場合には、相続税の節税になります。賃貸住宅を相続する場合、相続税の評価額が圧縮されるからです。おおむね2割くらい評価減になることが多いようです。

賃貸経営はリスクとの戦い

リスク❶空室

今後、日本の人口が減っていき、空き家の増加が懸念される中、必ず想定しておかなければならないのが空室リスクです。

都市部にあっても、立地条件によってはなかなか入居者が決まらない賃貸住宅もあります。空き家率が高い地域では、空室リスクもそれだけ高くなります。

また、賃貸住宅では一度入居した人は平均4年で退去すると言われます。ただ、これは平均なので、2年間で退去する場合もあります。2年間のうちに一度退去が発生すると仮定して、次の入居者が決まるまでの空室期間が2、3カ月あるとすると、2年間の平均空室率は約10%。つまり、ある程度順調に入居者がつく物件であっても、空室率は10%になるということです。

空室の間は当然、家賃が入ってきません。一方、ローンが残っている場合にはローンの支払いがあるため、赤字になってしまいます。1、2カ月の赤字なら耐えられるかもしれませんが、立地によっては半年や1年の空室も覚悟しなければならず、そうなると経済的に耐えられなくなる人も多いでしょう。

所有物件を貸しに出そうとしている場合には、物件のあるエリアの空室率がどれくらいなのか、賃貸需要はあるのかなどを不動産会社に確認してみる必要があります。

リスク❷家賃の下落

「土地の価格はバブル期より大幅に下がったが、家賃はほとんど下がっていない」という話を、数年前の信頼できそうなデータとともに説明している人がいます。私は、そんな話は不動産投資に勧誘したい人が考えたこじつけであり、現実は違うと考えています。

確かに2010年頃までは人口も伸びていましたし、世帯数も伸び続けていました。また、景気の低迷で土地の価格は下がっていましたが、不景気でも住む家は必要なので、賃貸需要は落ち込むことはありませんでした。そんな理由から、家賃の大幅な下落は起こらなかったのは事実です。

しかし、今では状況が違います。すでに人口の減少が始まり、都市部の世帯数もまもなくピークを迎えます。そして空き家は増え続けています。また、誰もがインターネットで適正な家賃相場を知ることができるようになり、入居者が家賃の値下げ交渉をすることも当たり前になってきました。

これから家賃が上がっていく要素はほとんどないと言えるでしょう。都心の好立地な物件は別として、すでに地方の賃貸住宅では激しい価格競争が始まっています。

もし賃貸に出すなら、「家賃は下落するもの」という意識で臨まなければなりません。立地や物件によって異なりますが、最低でも1年間で1％、10年間で10％下落することを想定する必要があるでしょう。

リスク❸思いがけない出費

家賃収入が丸ごと利益になるわけではありません。不動産管理会社に払う管理委託費、修繕費、火災保険、固定資産税など、賃貸経営にはさまざまな費用がかかります。ローンが残っていれば毎月の返済もあります。

特に修繕費は、突発的に発生し、大きな額になることもあります。賃貸住宅としての競争力を維持するためには、定期的なメンテナンスも欠かせません。


さて、以上のようなことを踏まえながら、綿密に収支計画を立てて、投資としての効率が高いと判断できたなら、賃貸に出すのもいいでしょう。

しかし、空室率などを考慮して、さらにいろいろな費用を払ったら、最終的に1、2万円しか残らないという計算になることもあります。これでは気苦労の割に儲からない、効率の悪い投資です。

もちろん、人に貸さないでほったらかしにしたとしても、維持管理する必要はありますから、外部の空き家管理サービスに頼んだとして月1万円程度はかかります。月1万円の出費になるくらいなら、少しでも収入が見込めるほうがいいと考える人もいます。どちらがいいかはその人の考え方によります。

収支計画を立てたうえで、投資効率や手間など総合的に考えて、自分が住まない場合は「賃貸に出す」かあるいは「売る」か、はたまた「空き家のまま維持管理する」かを判断してください。

第2章 家の価値を最大化させる「販売戦略」の立て方

1 周辺物件を調べれば本当の「売り時」がわかる

周辺物件を参考に価格を決める

販売戦略を立てるには、まず、売りたい物件がある地域の物件（周辺物件）を調べる必要があります。

では、具体的にどのようにして調べればいいでしょうか。これはインターネットを使うのが最も簡単です。「スーモ」「ホームズ」「アットホーム」といった不動産ポータルサイトに行き、自宅と同じエリアで、築年数や立地などの条件が近い物件を検索してみましょう。また、すでに不動産会社に売却を委任している場合は、不動産会社に調べてもらいましょう。

調べた結果、競合物件がどれくらいあるかで、価格戦略が変わってきます。

同じエリア内に競合物件がまったくない、あるいはほとんどないという場合は、売りに出す絶好のタイミングです。多少高めの価格をつけたとしても、そのエリアで探している人がいれば、購入してくれる可能性が高くなるからです。

競合物件がある場合、その物件を参考に価格を決めます。

同じマンション内の同じ間取りの部屋でも、1階と最上階では人気は違います。その違いを考慮して販売価格を決定することになります。

最上階で3000万円の部屋が売られているのに、1階の部屋を3200万円で売ることは難しいでしょう。最上階で3000万円なら、1階物件はそれより100万～300万円安く売りに出すことになります。その価格に納得できないのであれば、競合物件が売れるまで待つのが賢明です。

逆に同じマンションでほかに売りに出されている部屋がないなら、1階の物件を3200万円で販売できるかもしれません。競合が出てくる前に、早めに売ってしまったほうがよいでしょう。

周辺に新築が多い場合はタイミングをずらす

明らかな競合物件がある場合は、競合物件よりも価格を安くしてすぐに売りに出したほうがいいのか、あるいは売り出す時期を少しずらしたほうがいいのか、見極める必要があります。

売り出す時期をずらしたほうがいいのは、周辺に新築物件が多い場合です。戸建てにしてもマンションにしても、新築の物件を売りに出す際、住宅メーカーやディベロッパー（不動産開発業者）はそのエリアの販売時期の重なる新築物件や中古相場を参考にして価格を決めます。

住宅を探している人は、同じようなスペックの新築物件と中古物件を比較する傾向にあります。新築物件は、中古物件と比べられても選ばれるように、お得感を感じさせるくらいの価格がつけられているはずです。例えば同じような立地と間取りで、新築が500万円高い程度なら、新築を選ぶ人のほうが多くなります。

したがって新築が多く売りに出されているエリアでは、中古物件はどうしても見劣りしてしまい、大幅に安い価格でなければ売れなくなります。

もちろん自分の物件が、最新の設備が整っているとか、デザイナーズマンションであるなど、新築物件と競争しても勝てるくらいの付加価値があるというなら別です。また、新築価格が中古と比較して割高に感じられるのなら、逆に売りに出す絶好のタイミングと言えます。

そのような強みがないのなら、新築と競争するのは不利になると考えましょう。新築が売れてしまうのをしばらく待つのが賢明です。

❷ 中古住宅を高く売るために欠かせない3つの要素

不動産価格を算出する3つの方法

この章では、住宅の売り出し価格の決め方について説明していきます。

不動産の価格の決め方には、「収益還元法」「原価法」「取引事例比較法」があります。

①収益還元法

まず、「収益還元法」は、不動産を貸した時に得られる賃料から、その不動産の価格を割り出す方式。主に投資用の住宅を評価する際に使われる方法です。

②原価法

「原価法」は、対象となる不動産をもう一度つくるとしたら、土地代や建物代などがいくらかかるかを想定して、最終的な価格を割り出す方式です。建物の場合は、築年数によって価値が減少した分や、リフォームや大規模修繕によって価値が上がった分も考慮して、不動産全体の価格を割り出さなくてはなりません。

しかし、不動産会社が査定価格を決める際、実際には建物の価値はあまり考慮されていません。木造住宅では「築10年なら新築時の半額」「築20年以上なら0円」などといった慣例にしたがって、大まかに決められています。

本来、不動産には一つとして同じものはないにもかかわらずです。また、同じマンション内の同じ仕様の部屋だとしても、メンテナンスの状況やリフォームの有無によって状態はだいぶ変わってくるはずです。

築年数だけで価格を決めてしまう方法には根拠がないのです。たとえ築50年の木造住宅であっても、古民家としての価値を見出して買ってくれる人もいます。買い手に付加価値を提案できれば、中古住宅といえどもある程度の価格をつけることができるのです。

ただし、建物の価値だけで価格が決められるものではありません。価格は需要と供給で決まる面もあるからです。そこで登場するのが、次の「取引事例比較法」です。

③取引事例比較法

「取引事例比較法」とは、対象となる不動産と条件が類似する不動産の取引事例を調査して、最終的な価格を決める方法です。あなたが中古住宅の査定を依頼すると、不動産会社では基本的にこの取引事例比較法を用いて価格を決めます。

例えば、「去年、近所の同じくらいの土地が1500万円で売れていたけど、今は去年より景気がいいから1680万円くらいかな」「同じマンションの4階の角部屋が2500万円で売却されたから、2階のこの部屋は2350万円にしよう」というように。言ってみれば、不動産会社が経験と勘で価格を決めているわけです。

住宅の価値のとらえ方は変わり始めている

自民党の中古住宅市場活性化小委員会は2015年5月に、「中古住宅市場活性化に向けた8つの提言」を発表しました。その中で注目したいのが、提言4の「担保評価を含む『20年で一律価値ゼロ』とみなす市場慣行の抜本的改善」です。概要は次のようなものです。

◆現状の住宅価格の考え方は、木造であれば築20～25年で価値がゼロと評価する慣行があり、リフォームをしても価値の向上に反映されていない。
◆しかし、耐久性の高い住宅や、リフォームなどが適切に実施された住宅については長期に使用することが可能である。
◆個別の住宅の質や手入れの状況を踏まえた適確な建物評価がなされ、担保評価にも反映されるよう、建物評価慣行を改善する必要がある。

つまり、**図表23**のように、適切な補修などを行えば、基礎・躯体の機能が失われていない限り、住宅の使用価値は回復・向上するというのがこの提言の考え方です。

築年数が同じ建物であっても、建物の健康状態はそれぞれ違います。その健康状態を明らかにして価値を証明すれば、建物の価値に応じた価格をつけてあげることができます。それが、中古住宅価格の本来の姿と言えます。

前出の自民党の提言は、2014年3月に国土交通省が策定した「中古戸建て住宅に係る建物評価の改善に向けた指針」に沿った内容ですが、2015年以降はこの指針を受け、住宅の性能やリフォームの状況などを的確に反映した価格査定を行うための「既存住宅価格査定マニュアル」（公益財団法人不動産流通推進センター発行）が順次改訂されています。

このマニュアルが本格的に不動産会社に活用されるのはもう少し先かもしれませんが、

図表23◆不動産価値の変化

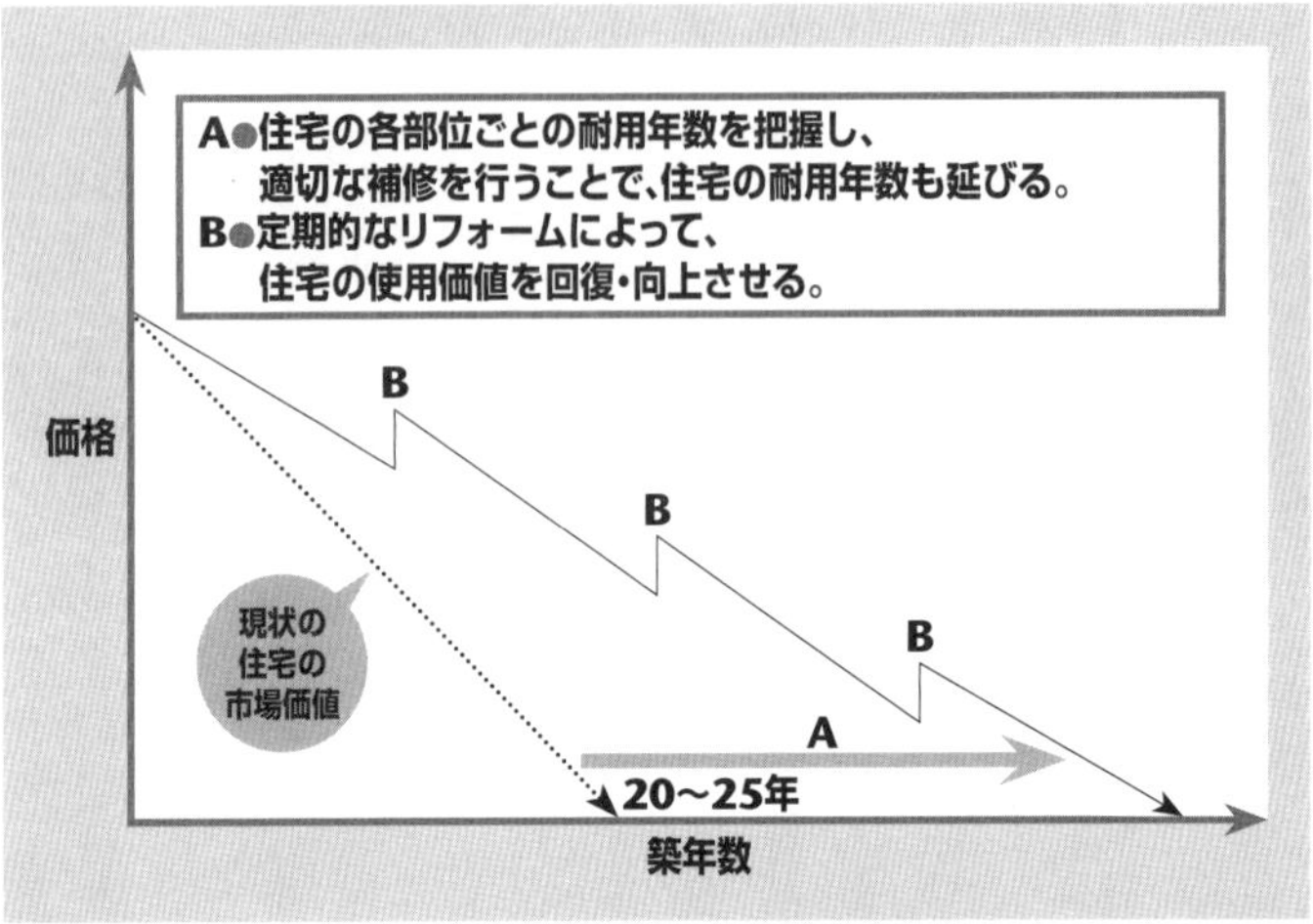
A●住宅の各部位ごとの耐用年数を把握し、
適切な補修を行うことで、住宅の耐用年数も延びる。
B●定期的なリフォームによって、
住宅の使用価値を回復・向上させる。
価格
B
B
B
A
現状の住宅の市場価値
20〜25年
築年数

出典:「中古戸建て住宅に係る建物評価の改善に向けた指針」(国土交通省)に著者加筆

国をあげて、中古住宅を活性化しようという方向に行っていることは確かです。中古住宅の取引量は年々増えています。買い主も根拠のある価格がつけられた中古住宅ならば、納得して買ってくれる。そういう時代になりつつあるのです。

いかにして中古住宅の価格を高めるか

では結局のところ、どのようにして売却する中古住宅の価格を高めればいいのかというと、私は次のように考えます。

①競合対策を練って価格を決める。
②建物の価値を証明する。
③正しい情報公開をする。

①と②については次のページから説明します。③の正しい情報公開とは、「住宅履歴情報」をつけて売り主に提示するという意味でもありますが、それ以外に、不動産会社に囲い込みをさせずに、情報をオープンにして広く行き渡らせるという意味もあります。

これまで不動産会社は①〜③のいずれにも取り組んできませんでした。逆に言えば、この3つにきちんと取り組むことで高く売れる可能性があるということです。

❸ 競合する物件の有無で変わる販売戦略の立て方

競合物件がない場合は、3カ月で売り切るつもりで

競合物件の有無は価格や成約までの期間に影響してきます。販売スタート時の価格というのはとても重要で、一つ間違えると、高く売れるはずの住宅を安く売ることになったりもします。競合の状況と価格戦略について考えてみましょう。

競合の状況は「スーモ」「ホームズ」「アットホーム」ズといった不動産ポータルサイトで調べることもできますが、不動産会社にレインズで調べてもらったほうが確実です。レインズにしか載っていない情報もあるからです。

まず、競合がなかった場合。これは大変ラッキーです。価格で比べられる相手がいないので、周辺の取引事例よりも多少高めの価格をつけても売れる可能性が高いからです。

そして、3カ月でゴール（決済）まで進めるつもりで、広告宣伝を積極的に行うなどスピーディーに販売活動を進めてもらいましょう。都市部における不動産の成約までの期間は、平均で3カ月を下回ります。多くの物件は3カ月以内に成約に至るということで、反対にそれ以上かかっている物件は売れ残っている印象が徐々に強くなっていき、売りづらくなります。

レインズや不動産ポータルサイトに物件情報を載せた時のアクセス数は、掲載直後がピークになります。情報が新鮮なうちが、市場の関心度合いが最も高いということです。したがって情報掲載直後に多くのアクセスがあり、2週間以内に2組以上の内覧希望者が現れるはずです。それよりも内覧希望者が少なかった場合は、価格設定を間違えたと判断して、速やかに値下げをしたほうがいいでしょう。

一方で、競合物件がないのだから、6カ月など長期間かけるつもりでじっくりと売ったほうがいいのではという考え方もあるでしょう。しかしその間、競合が現れないとも限りません。あなたの物件を売り出してから2カ月後くらいに、少し安めの価格に設定した類似物件が売り出されるということもあり得ます。

3カ月かけて販売活動をする中で、内覧希望者がある程度いるなら、値下げする必要はありません。例えば、売り出し後3カ月以内であっても、不動産会社が「3月を過ぎると途端に売れなくなりますから、値下げしましょう」などとすすめてくることがありますが、実際には4月になったからといって大幅に需要が減るわけではないのです。

一般の人の中には「3月は引っ越しや人事異動シーズンだから、不動産売買も多いだろう」というイメージがありますが、それと不動産が売れるかどうかとはあまり関係がありません。競合がいない状況であれば、4月だろうと5月だろうと売りやすいのは同じです。「値下げしましょう」の声に惑わされることなく、持ちこたえてください。

競合があるなら、相手の状況を見ながら

競合物件がある場合は、相手を見ながら価格や期間を決めます。注意したいのは、低価格競争に巻き込まれないようにすることです。

そのためにはまず、次節で説明する、建物に付加価値をつけることが一番大事です。また、安易に「あちらが3000万円だから、うちは2950万円で出そう」などと決めないようにしてください。値引き合戦の泥沼にはまる可能性があるからです。

安すぎる競合相手がいる場合には、理由が必ずあるはずなので、それを不動産会社に探ってもらう必要があります。売り主が住み替えで売り急いでいるために、相場よりも大幅

に安い価格に設定しているのかもしれません。例えば、「売りに出ている部屋ではないけれど、同じマンション内の別の部屋で自殺があった」という理由で、相場よりもかなり安くなっていた物件などもありました。

安すぎる理由を探り、それがやむを得ない事情であるならば、真剣に相手をする必要はありません。自分の希望する価格か、むしろ少し高めくらいの価格で売り出しましょう。相手の物件に対してお得感を与えてあげることで、早く成約してもらい、競合がない状態をつくるのが目的です。

私がお手伝いした物件でもそのようなケースはよくありました。売りに出そうとした時、条件が類似する200万円も安い物件が市場にあったので、こちらはあえて高い価格を設定したところ、相手の物件は2カ月ほどで成約に至りました。そこでこちらの物件も本腰を入れて広告宣伝を行い、1カ月後には当初の希望価格での成約に至りました。

競合がある場合は、相手の物件の状況によって販売期間が長くなる可能性があるので、売れるまでの期間は3カ月から6カ月と見込んでおきましょう。

ゴール目標を共有し3段階で価格を設定してもらう

具体的にどのくらいの価格設定にすればいいのかは迷うところです。

不動産会社に査定をしてもらうと、たいてい「1800万〜2000万円ですね」と幅を取った査定価格を提示されます。そこで自分の希望価格も伝えて、実際に売りに出す価格を決めていくことになります。

私がおすすめしたいのは、3段階で価格を設定し、その根拠を確認することです。

①売れたらいいなという価格
②おそらく売れるであろうという価格
③これ以上は下げられないという価格

そして、「それぞれの価格についてどのような根拠があるのか」「売り出し開始から成約までの期間はどれくらいになりそうか」「値下げするタイミングはいつぐらいと考えればいいのか」を説明してもらいましょう。

このようにして不動産会社との間でゴール目標を共有することが、安心して販売を任せるためには大切です。

①の「売れたらいいなという価格」については、競合がない状況であれば、ある程度チャレンジした価格をつけてもいいでしょう。例えば、過去の取引事例をもとにした相場価

格が2000万円なら、2300万円でスタートするのです。その結果、満額とは言わないまでも2000万～2100万円くらいで成約することはあるでしょう。

競合がいる場合は、競合相手よりも安くする必要はありませんが、かといってあまり欲張った価格にすると大失敗する可能性があります。

同じく相場価格が2000万円の物件を競合がいるのに2300万円で出して、全然反響がないために徐々に価格を下げていくことになり、3カ月、4カ月が経過。「この物件ずっと掲載されているな」というイメージが定着してしまい、結局半年後に2000万円以下の価格で不動産会社に買い取られた……となってしまうかもしれません。

あまり無茶な価格設定をすると、売り時を逃してしまう可能性もあるので注意が必要です。自分の出した「売れたらいいなという価格」について、実際のところどう思うか、信頼できる不動産会社の営業担当者にホンネを聞いてみてください。

無責任な価格提案を信じたら、大幅な安値で売ることに

価格設定で失敗した事例を一つご紹介しましょう。そのお客さまは、当社の別のお客さまからの紹介で、自宅を売却するための査定を当社に依頼してきました。

とある地価の高い住宅地にある、広い土地付きの一戸建てです。建物は築18年でそれほ

ど古くないのですが、まったくメンテナンスをしてこなかったために、ひどく傷んだ状態でした。そういった事情を加味したうえで、私は９０００万円の査定価格を出しました。

これに対してお客さまは「まだ築18年なんだからもっと高く売れるはずだ」と反論し、1億１０００万円で売りに出すことを要求しました。実は、そのお客さまは別の知り合いの不動産会社にも相談したところ、1億円以上でも売れると言われていたようなのです。

私は仕方なく言う通りの価格で販売を開始。しかし、案の定なかなか売れません。半年後には1億円近くに値を下げましたが、それでも売れません。

お客さまはしびれを切らして当社との媒介契約を解約し、「1億円以上で売れる」と言った知り合いの不動産会社のところに行ってしまいました。

結局その後、どうなったか。最終的に売れた価格は７８００万円だったということです。ほぼ土地代だけの価格です。

最初から適切な価格設定で売り出していれば、９０００万円で売れたかもしれません。無茶な価格設定をしてしまった結果、最終的には物件が持つ実力よりも大幅に安い価格で売るはめになってしまったのです。

不動産会社が委任を取りたいがために、高い査定価格を出してくることはよくあります。欲張ってそんな価格を信じてしまうと、後悔することになるかもしれません。

④「建物の価値」を上げる3つの方法

800万円アップした事例も

不動産を高く売るためには、競合対策を練るだけでなく、建物の価値を上げることも一つの方法です。

建物の価値が築年数とともに減少していき、価格がつけられなくなってしまう理由は、中古住宅に対して買い主が不安に感じているからでもあります。その不安を排除してあげれば、中古住宅であっても買いたいという人は必ずいます。

建物の価値を高めて証明する方法が、第1部第1章「**43**〜**53**ページ」で紹介した「インスペクション」「瑕疵《かし》保険」「住宅履歴情報」です。

これらの3つを利用しても、かかる費用は10万円程度。私が取り扱った例では、3つの仕組みを利用することで、通常ならゼロ査定とされる築20年の木造住宅に、800万円の価格をつけて売却したことがあります。これはかなりうまくいった例ですが、２００万〜３００万円のアップになった例なら珍しくはありません。

⑤リフォーム費用をかけてでも売りやすくするべきか？

見積もりを取っておくだけでも効果的

よく聞かれる質問に、「リフォームしてから売れば、高く売れるのでは？」というものがあります。私の答えは、イエスでもあり、ノーでもあります。

リフォームをしたほうがよいケースとして考えられるのは、室内の見た目があまりにも悪い場合です。

例えばペットを飼っているなどして壁クロスがボロボロだと、見た目の印象が悪く、それだけで内覧者に嫌悪感を抱かせてしまう可能性があるので、クロスだけを新しくして、ほかはルームクリーニングする。それだけで見栄えがかなりよくなり、イメージはアップします。

実際に、2200万円で売りに出した築25年のマンションで、室内で猫を飼っていたために、壁がボロボロで床にもキズがたくさんあったことが原因で、結局、1900万円で不動産買い取り業者に売却することになったことがあります。内覧に来た人たちの反応も、非常に悪かったのです。その買い取り業者は、自社でリフォームをした後に2830万円で売却していましたので、それだけリフォームの効果は大きかったということです。

ただこれは結果論であり、実際にはやってみないとわからないことが多いのです。せっかくリフォームして販売しても、リフォーム代金分の価格アップにつながらない可能性も否定できません。

そのため、私としては、あまり大がかりなリフォームはおすすめしていません。

リフォーム資金がない場合、不動産会社によっては、売却代金で精算する前提で、立て替えてくれるところもあります。しかし、そのようなサービスを利用するにしても、50万〜100万円程度までの費用でできる範囲に留めたほうが現実的です。

あるいは、必要なリフォームについては、リフォーム会社から見積書を取り、プランを立てておくだけでもいいでしょう。実際にリフォームを施工していなくても、リフォームプランを提示できれば、第1部第2章「58ページ」で紹介した「安心R住宅」マーク付与の対象となります。

❻「販売図面」は物件の魅力を伝える重要なツール

買い手側の営業担当者が売りたくなるチラシを

ここからは、高値売却の4つのテクニックとして「販売図面」「部屋の見せ方」「内覧対応」「広告」について解説していきます。

まず、販売図面についてです。これまでに戸建てやマンションを購入したことのある方なら必ず一度は見たことがあると思いますが、物件の概要や価格、間取り図、地図、不動産会社の連絡先などが載ったチラシのことを、販売図面と呼んでいます。最近ではA4サイズの紙1枚にまとめられているケースがほとんどです。

いくらインターネットの時代になったとはいえ、営業担当者がお客さまに物件を紹介する際には、やはり販売図面を紙の状態で提示するのが一般的です。1枚にまとまっていて見やすいですし、お客さまの手元に資料として販売図面が残り、検討していただきやすいという事情があります。

仮にiPadなどのタブレット端末で物件を紹介するにしても、販売図面は紙で見せられたほうが便利です。

ですから、中古住宅の購入を検討している人に物件の魅力を伝える重要な手段として、販売図面のつくり方を工夫する必要があります。

図面を見せるターゲットとするのは、購入希望者よりも先に、買い手側につく不動産会社の営業担当者です。高値での売却を実現するには、より多くの営業担当者に物件を見てもらい、購入希望者に紹介してもらう必要があるからです。

販売図面をパッと見た時に、魅力的な物件であるかないかで、不動産会社の営業担当者のやる気が変わってきてしまいます。営業担当者の販売意欲がわき、お客さま（買い手）に案内したくなるような販売図面を作成してもらいましょう。

図表24の2つの販売図面を見比べてみてください。これらは同一物件の販売図面です。Bの販売図面をAのようにつくり直したことで、魅力的な広告として仕上げています。同じ物件でもこんなに印象が変わるのです。

気をつけたのは以下のようなポイントです。

◆間取りをわかりやすくする。
◆小学校や病院など、ターゲットに合わせたライフインフォメーションを載せ、新しい生活を提案する。
◆キャッチコピーで物件の長所を簡潔に表現する。
◆限られたスペースを有効に使うため、構造や建築年月など必要最低限表示するべき情報は小さな文字で表示するなど、優先順位をつける。
◆部屋の方角など、購入希望者が気にする情報を漏れなく記載する。
◆「リフォーム済」と書くだけではなく、その内容を詳しく記載する。
◆室内の写真を掲載する。
◆インスペクションや瑕疵保険、アフターサービスなどの情報を漏れなく記載する。

特に写真の撮り方は重要です。プロに頼む必要はありませんが、少しの工夫でグッと見やすく魅力的な写真を撮ることができます。

まず、外観の写真は、遠く離れた位置から真横に撮るよりは、建物の下から上に向かって撮ったほうが、迫力が出ます。また、この物件では1階に店舗がありましたが、見栄え

図表24◆販売図面の例［A:いい例、B:悪い例］

A◆いい例

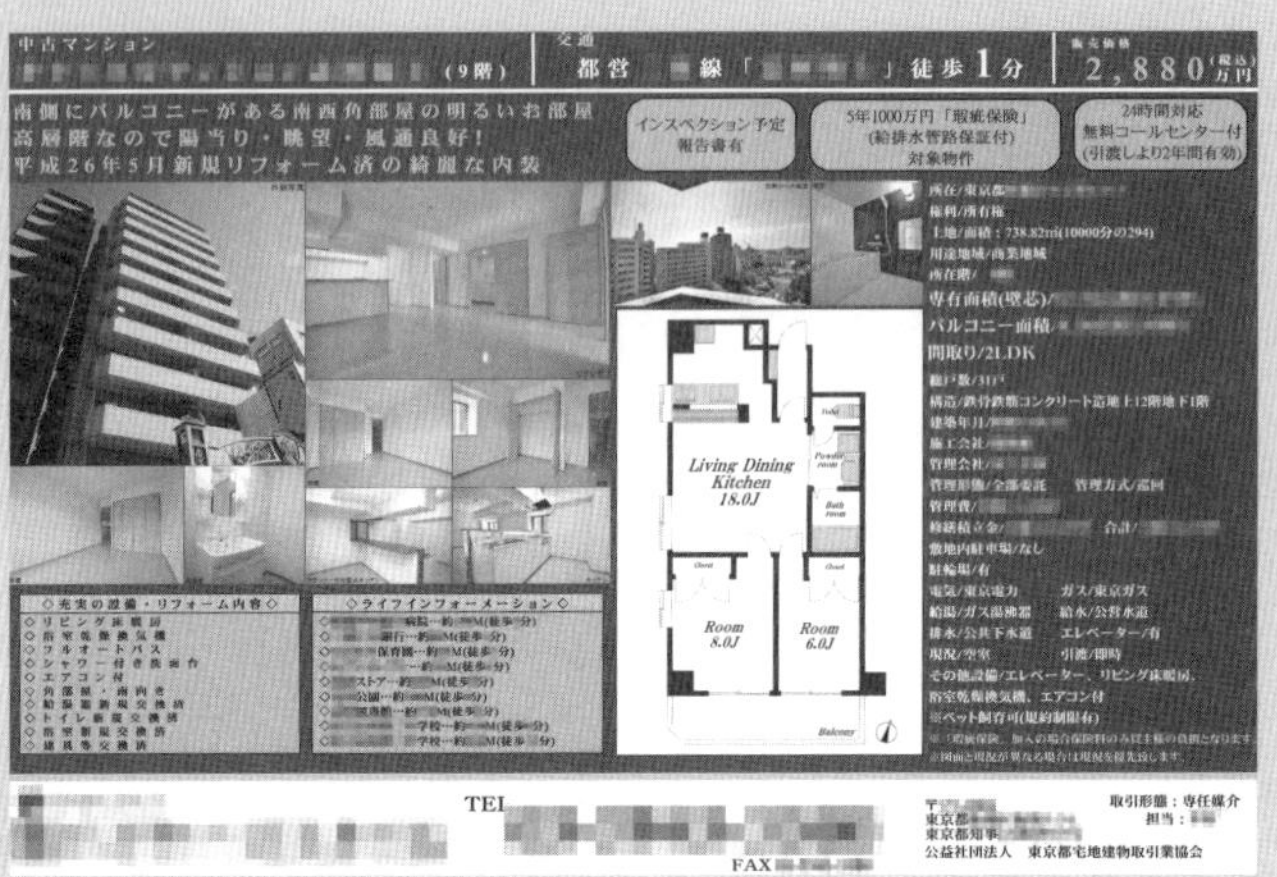

B◆悪い例

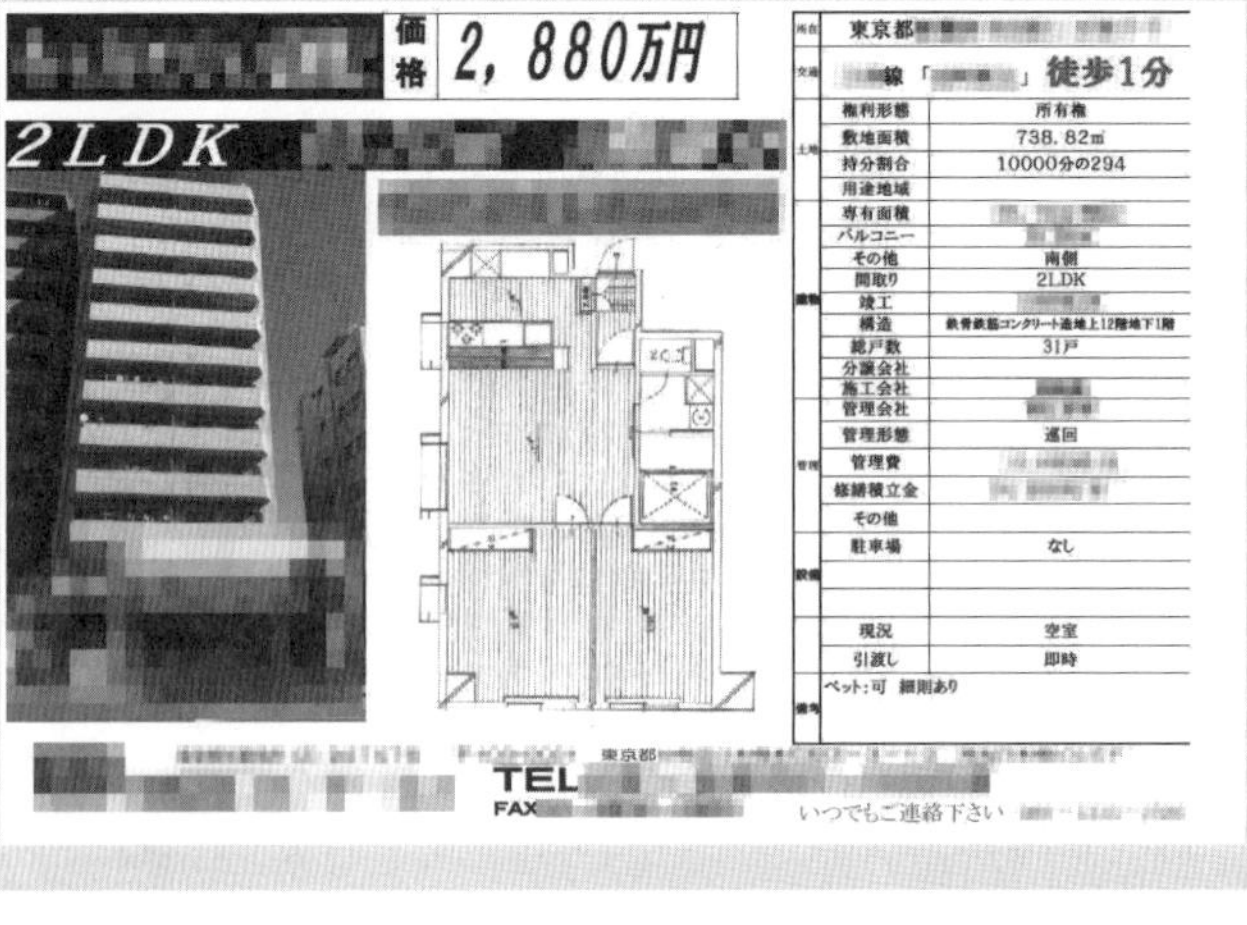

がよくないので、写真では店舗部分が写らないようにしました。

次に、室内の写真ですが、生活感が出てしまっている写真は逆効果ですので、掲載しません。物がない空の状態で撮影可能な場合にのみ掲載します。撮影は、午後よりも午前にするようにします。午前は光が柔らかく、きれいに撮れるからです。できれば広角レンズを使って、水平に、明るく、広く感じられるように撮るとよいでしょう。ぶれている写真やストロボを使った写真は見栄えがよくないのでおすすめしません。

マンションの高層階などで眺望がいい場合は、その写真も載せるとよいでしょう。天気がよい日を選んで撮影してください。

⑦「ステージング」で商品である部屋の魅力を引き出す

最低限の家具や荷物しか置かない

販売図面を作成し、レインズに物件情報を登録すると、いよいよ販売活動のスタートです。物件情報を登録すると、新着情報としてほかの不動産会社に配信されます。新着情報には多くの営業担当者が目を光らせているので、情報登録直後が最も問い合わせが多く入ります。

適切な値付けがされていれば、2週間のうちに最低でも2組の内覧申し込みが入るはずです。内覧申し込みが入ると、売り主側の不動産会社は、買い主側の不動産会社と連絡を取り、内覧日程の調整を行います。物件を見ずに買う人はいないので、内覧は売却のための大切なステップです。

内覧にあたってすべき準備は、なるべく部屋を片付けること。住みながら売却活動をするなら限度がありますが、それでもできるだけ部屋には最低限の家具や荷物しか置かないようにすることをおすすめします。

内覧に来た見込み客は、将来の生活をイメージしながら部屋を見学します。部屋の中に荷物が多いと、それだけ情報量も増えますから、所有者の趣味などが邪魔をしてしまい、自分たちが暮らしている様子をイメージしにくくなってしまいます。

ステージングとは、もともと、実際に使われている状態をイメージできるように家具などを配置することを意味します。だからといって、室内に生活感がありすぎるのは逆に問題です。

特にリビングに荷物が多いと致命傷です。最近では、広いリビングを必須条件にしている人も多いので、荷物を置いてリビングを狭く見せるようなことは絶対に避けなければなりません。できればトランクルームなどを借りて、今すぐ使わない荷物はすべてそちらに保管しておきましょう。

また、最低限の家具や家電、荷物を置くにしても、きれいに整理整頓し、掃除しておくようにしてください。内覧者はすべての部屋をチェックして回ります。ゴミが落ちていたり汚れていたりすると、それだけでイメージが悪くなります。

特に水回り（キッチン、風呂、トイレ、洗面台）は少しでも汚れていると嫌悪感を抱かせてしまう部分です。専門のクリーニングサービスを利用するなどして清潔感を維持しておきましょう。

また、内覧者を迎え入れる前に、窓を開けて空気を入れ換えておくことも大切です。特にペットを飼っている家でなくても、それぞれの家には特有のにおいがあり、これが内覧者に嫌悪感を与えることがあります。できるだけにおいを感じさせないように空気を通しておきましょう。

内覧を受け入れる時間帯は、部屋が明るく見える時間帯を指定することが大切です。東向きのマンションは午前中、西向きのマンションは午後が明るい室内を演出できます。

究極は一度空っぽにしてからのステージング

内覧対応の理想像としては、仮住まいに引っ越して家の中を空っぽにすることです。家の中を空っぽにすれば、売り主は気兼ねなく、押し入れや戸棚を開けたりして隅々まで見て回ることができます。クリーニングや簡単なリフォームをする場合も家を空けてからのほうがやりやすいという事情もあります。

家の中を空っぽにした場合、さらによい印象を与えるために、不動産会社などが提供しているホームステージングサービスを利用する手もあります。部屋におしゃれな家具やインテリア、観葉植物などを配置して、モデルルームのように仕上げるサービスです。物件の購買層を意識したコーディネートで、部屋をより魅力的に見せることができます。家具や小物などはサービスを提供している会社からレンタルできるので、購入する必要はありません。

中古住宅の流通量が多いアメリカなどでは、ホームステージングサービスは一般的になっています。多少の費用はかかりますが、実施することによって売却がうまくいけば、かけた費用以上の効果が得られるはずです。

❽「内覧」は大きなチャンス！対応は丁寧に

内覧には立ち会わないのが基本

内覧の申し込みを「今週末は対応できない」「その時間帯は空けられない」などと断る売り主がいますが、これは自ら「安く売りたい」と言っているようなもの。

物件を探している人の多くは、不動産会社に問い合わせをして、今日や明日にでも現地を見に行きたいと考えています。そんな時に売り主の都合で断っていては、見込み客をみすみす逃すはめになります。

売却で苦戦する物件の多くは、売り主の協力が得られない物件です。内覧は断らない、部屋はきれいに整理整頓するなど、販売活動にはできるだけ協力するようにしてください。

販売活動がスタートしたら、毎週末は外出すると決めてしまうのがいいかもしれません。

内覧時に売り主が立ち会ったほうがいいかどうかですが、内覧1回目の時は立ち会わないほうがいいでしょう。売り主がいる状態だと、内覧者は気を使ってしまって自分の好きなように見ることができないからです。

ただし、一度内覧した人が家を気に入り、後日もう1回見たいと言ってくることがあります。この時は立ち会ってもいいでしょう。とはいえ、内覧者に積極的に話しかけるようなことはしないでください。内覧者の邪魔になりますし、セールストークをされているような気分にさせてしまうからです。

基本的には聞かれた質問にだけ答えるようにしましょう。もし自分から話しかけるとしても、周辺環境や近所付き合いのことなどをさりげなく客観的に説明するぐらいにしておきます。その際、内覧者の家族構成などに合わせた話題を選ぶようにしてください。子供が生まれたばかりの家庭に、中学校の話をしてもあまり心に響きません。

この辺りは事前に営業担当者と打ち合わせをして、自分の役割やアピールしたい点を決めておくとよいでしょう。

内覧時に丁寧に対応することで、見込み客に「いい人だ」と思わせることは大切です。買い主が後に価格交渉する時に、思い切った価格を提示しづらくなるという効果があります。内覧者の帰り際に「あなたみたいな人にぜひ住んでほしい」と殺し文句を言うことも、意外と効くようです。

9 「広告」をきっちりと行い確実な集客を

集客のために広告宣伝は必須

不動産会社はあなたから売却の依頼を受けると、物件情報をレインズに登録しますが、それだけでは情報を広く行き渡らせることになりません。何らかの広告宣伝を行う必要があります。

広告宣伝の基本はインターネットです。といっても、不動産会社が自社のホームページに掲載するだけでは不十分です。「スーモ」「ホームズ」「アットホーム」の3大不動産サイトのうち、最低でも2つには掲載してもらいたいところです。

そのようなサイトに物件情報を載せると広告費がかかります。不動産会社は広告費をできるだけ使わずに売却まで行きたいと考えていますが、広告を出さなければ多くの人には見てもらえません。それらのサイトへの掲載を不動産会社にお願いしてください。

また、不動産サイトに掲載されたとしても、その情報が間違っていたり不十分だったりしたのでは意味がありません。掲載するのは不動産会社の営業担当者や事務員が行いますから、間違うこともあります。自分でサイトから検索してみて、すぐに物件を見つけることができるか、正しい物件情報が掲載されているかどうかをチェックしてください。

インターネット以外の広告手段としては、新聞折り込みチラシ、ポスティング、誘導看板などがあります。ポスティングや折り込みチラシから見込み客を獲得できる割合は限られていますが、インターネットでは取り込めない見込み客を取り込めることもあります。不動産会社と相談しながら広告宣伝を展開するようにしましょう。

インターネットがない時代では、不動産を売却する時、現地内覧会を開催するのが当たり前でした。現在ではあまり行われなくなりましたが、確実に効果はあります。

新聞折り込みやポスティングで周囲の住民に対して日時を知らせて、当日は誘導看板を立てて案内人も配置。多くの人の内覧を受け入れるのです。

競合物件が多い状況で、販売開始から3週間経ってもあまり反響がない場合、現地内覧会を開催してもらうようお願いしてみてください。

⑩価格査定は何社にも相見積もりをしたほうがいいのか？

一括査定サービスのメリット・デメリット

不動産検索サイトに必ずあるコーナーが、「不動産一括査定サービス」です。物件情報と利用者の情報を入力することで、複数の不動産会社に一括で売却の査定を依頼することができ、大まかな査定内容がメールで送られてくるという仕組みです。大手や準大手の不動産会社が参加している例が多いようです。

この一括査定サービスは、無料で手軽に査定してもらえるので、売却を考えている人にとって非常に便利なようですが、いい面と悪い面があると思っています。

いい面としては、売却する際のある程度の相場価格がわかること。また、自宅のあるエリアで売却を取り扱っている不動産会社を知ることができる点も、便利と言えるかもしれません。

悪い面は、実際の物件を見ての厳密な査定ではなく机上査定になるので、委任を取るために無責任な高い価格を出してくる会社が多いということ。

また、査定を依頼してメールを受け取って終わりではなく、その後、営業の電話がかかってくることも面倒な点です。不動産会社は、一括査定サービス経由で査定依頼が入るごとに広告費を支払っていますから、広告費をムダにしないために必死になって営業をします。その営業攻勢に耐えられる人なら問題ありませんが、鬱陶《うっとう》しいと感じてしまう人は利用しないほうがいいかもしれません。

実際に利用するとしたら、せいぜい2～3社にするようにしましょう。その中で最も高い査定価格を出した会社については、その根拠がわかりやすく説明されている場合を除き、省いて考えるといいかもしれません。相場からかけ離れた価格を出す会社はあまり信頼できないと考えられるからです。

査定をしてもらったからといって、必ず委任をしなくてはならないというわけではありませんので、次章で紹介するチェックポイントなども参考にして、じっくりと信頼のできる不動産会社を探してください。

11 意外と難しい「住み替え」時の高値売却

買い先行でいくか、売り先行でいくか

「子供が生まれて手狭になったから、もっと広い家に引っ越したい」「最新設備の整ったマンションに住み替えたい」などと住み替えを検討している人もいるでしょう。

今の家を売って新しい家を買えばいいだけなので、難しそうには思えないかもしれませんが、実は住み替えというのは意外と難しいのです。

住み替えを考える場合、現在の家の住宅ローンもまだ残っていて、新たに買う家も住宅ローンでというケースがほとんどで、資金計画の立て方が難しくなるからです。

一時的に2つの住宅ローンを組むこともできなくはないのですが、毎月の返済負担が大きくなりますし、また、いったん2つの住宅ローンを借りられるだけの年収が必要となり、融資可能額もかなり少なくなってしまいます。

銀行によっては、現在の自宅を売却する予定であることを考慮して、現在のローンの残債があっても、新たなローンを組めるところもあります。しかし、その数は限られています。また、金利条件が必ずしもよいとは限りません。

したがって現実的には、現在の自宅の売却によってもとの住宅ローンを返済したのちに住み替え先の住宅ローンを組み直すか、もとの住宅ローンの返済と住み替え先の住宅ローンの契約を同時に行う、というケースがほとんどです。

しかし、自宅の売りと新居の買いを同時進行していく中で、買いたい家が先に見つかってしまい、今の家を大至急売らなければならなくなり、妥協した価格で売ってしまう、というケースも多いのです。

また、新居が先に決まった場合、新居購入の決済ギリギリまで粘っても、現在の自宅の買い主が見つからず、最終的には、不動産買い取り業者に相場価格より大幅に安い価格で買い取りされるということもおおいにあり得ます。

新しい家を購入する際の契約で、「向こう○カ月以内に今の自宅が希望額で売れた場合にはこの物件の売買契約を履行しますが、売れなかったら契約は白紙にします」という趣旨の買い替え特約をつけてほしいと申し出ることはできますが、そのような都合のよい条件を認めてくれる売り主は少ないのが実態です。

つまり、住み替え時に新居探しを優先した場合、自宅の売却時の価格が犠牲になってしまいかねないのです。

逆に、売りを妥協せずに販売活動を行い、売却が決まったら急いで新しい家を探す（決める）というケースもあります。

そのような場合、一般的には、売買契約をしてから自宅を引き渡すまでに、長くても3カ月間の猶予しかありません。現在の住まいが売れたら売れたで、短期間で新しい家を探して、引っ越しできる態勢を整えなくてはならないのです。

新居を買いたいエリアにある程度の物件が流通しているのなら、さほど困らないのですが、流通量が少ないエリアだと、新居がすぐには見つからない可能性もあります。条件を大幅に妥協して見つけるか、あるいは売った自宅の引き渡しまでには間に合わず、急きょ仮住まい先を確保して引っ越すという事態になってしまうかもしれません。

いずれにせよ、納得のいく住み替えを実現するには、売りも買いも妥協しないことが原則ではあるものの、一挙両得というのはなかなか難しいというのが現実なのです。

そこで、どうせならと、あらかじめ仮住まいをすることをおすすめする場合もあります。引っ越しして今の家の中を空っぽにしてしまったほうが、購入希望者にとっては内覧しやすく、好印象を持ってもらえるという効果も期待できます。

ただし、仮住まいをすることで、家賃や2度の引っ越し代なども含め100万円程度のお金が出ていく可能性があります。そのため、時間をかけて販売活動をすることで、いくらくらい高く売れる可能性があるのかを事前に確認しておかなくてはなりません（不動産価格のカラクリについては、第1部第2章を参考にしてください）。

仮住まいは費用も手間もかかりますので、判断の分かれるところではありますが、結果的に、買い取り業者に数百万円も買いたたかれるよりは、よほどマシかもしれません。

住み替え時の注意点

もう一点、住み替えの際に気をつけたいのは、新しく組む住宅ローンの返済期間です。

例えば、住み替え時点で30歳の人なら、35年の住宅ローンを組むことができ、現在の低金利も加わって、おそらく希望する額の融資を受けることができるでしょう。

しかし、買い替え時点で38歳になっているなら、そこから35年のローンを組むことは危険です。制度上は45歳未満の人なら35年ローンを組むことはできますが、80歳まで毎月返済することになってしまいます。

ゆとりある老後を送るためにも、遅くとも65歳までには返済を終わらせるよう返済期間を短く設定することが大切です。

また、老後の生活を送るにあたり、子育て用に買った広い戸建てを売って、コンパクトな家へ住み替えようとする場合には、特に資金面で注意が必要です。

郊外にある戸建てが予想より安い価格でしか売れず、売ったお金で駅近のマンションを買おうと思っても、資金が足りないということは十分に考えられるからです。

金融機関の住宅ローンは、70歳までに申し込むことが基準になってはいますが、実際には年金暮らしの高齢者に融資してくれる金融機関はほぼありません（フラット35を除く）。現実的には、今の家が高く売れる見込みがあるか、あるいは多額の現金を持っているのでなければ、老後の住み替えを実現することは困難です。

したがって、今の家がいくらで売れるかがとても重要になります。買い先行で前のめりになり、結果的に安く売らざるを得なくなってしまったら、老後の人生設計が狂ってしまいます。ですので、まずは、結果的に仮住まいになることも視野に入れて、できるだけ高値で売ることに力を注いだほうがよいのではないでしょうか。

第3章 中古住宅の売却は「不動産会社選び」が8割

❶ 不動産会社の口グセにダマされるな！

営業担当者がよく言う3つの口グセ

築22年の木造住宅に住んでいたAさん。夫婦2人暮らしでは家が広すぎると感じるようになり、駅から近くて便利なマンションに住み替えたいと考え、大手不動産仲介会社に査定を依頼しました。

建物は時々手を入れて丁寧に使ってきたし、まだまだ使えると思っていたのに、営業担当者からのひと言にがく然とします。

「これは土地値になっちゃいますね」

土地値というのはつまり、建物の価格はゼロで、土地代金分の価格しかつけられないという意味です。担当者曰く、日本の木造住宅は築20年で価値がゼロになるのが当たり前で、マンションでも築25年が過ぎれば、大幅に安くしないと売りにくいとのことでした。

この「築20年でゼロ」の査定、まったくのウソではありませんが、どんな物件にもあてはまるわけでもありません。同じ40歳の人でも、健康的な人とそうでない人がいるように、家にも違いがあってしかるべきです。

中古住宅がなぜそのような査定をされてしまうのかは55～57ページで、そしてどうやって価格をアップすればいいのかは前章で解説しましたが、とにかく「築20年でゼロ」の査定は不動産会社の単なる「口グセ」だと思って、受け流すことをおすすめします。

不動産会社の口グセはほかにもあります。

「今が売り時です」は、売却の委任をもらうための一種の口グセです。残念ながら、お客さまにとって本当に売り時かどうかは、営業担当者にとって最優先事項ではありません。とにかく今月の数字を上げるために、売却案件はいつでも欲しいというのがホンネです。

また、「高すぎて売れません」もよく聞く言葉です。これは、売り主に値下げの決断を迫る時の口グセです。実は、値下げをさせて、早く売ってしまいたいだけかもしれません。この言葉を耳にしたら、納得のできる説明をしてくれるかどうか、きちんと確かめたほうがいいでしょう。

不動産を高く売るには、不動産会社の力によるところが非常に大きいのです。「今が売り時」「高すぎて売れない」といった言葉が常にウソであるとまでは言いませんが、それらを口グセのように安易に使うような不動産会社にあたってしまうと、納得できる売却は実現できないかもしれません。

そのようなことにならないように、この章では、販売活動にとって最も大切な不動産会社選びについて説明していきます。

❷不動産会社が裏で考えている3つのこと

知らないと損する不動産業界のカラクリ

自社の利益を上げることだけを考えている不動産会社の思惑にまんまと乗せられて、不利な価格で売却することにならないよう、不動産業界のカラクリを知っておきましょう。

①両手取引

売却の依頼を受ける不動産会社のホンネとして、「少しでも安い価格で売り主を説得したい」と考えています。売り主の「少しでも高く売りたい」という要望に応えるよりも、安い価格で売り出すことで、少しでも早く自社で買い主を見つけられれば、売り主と買い主の双方から仲介手数料をもらえるからです。つまり、第1部第2章「**66**ページ」で紹介した「両手取引」を狙っているわけです。

家の買い替えがまだ頻繁に行われていない日本では、家を売ること自体が初めての場合が多く、こうした仕組みを知らないと不動産会社の言いなりになってしまいかねません。

日本では両手取引が違法ではありませんが、「高く売りたい売り主」と「安く買いたい買い主」では利益が相反するというのが常識です。そのため多くの国々では、両手取引自体が禁止されていて、売り主側に立つエージェント（不動産会社）と、買い主側に立つエージェントが別々になることが主流となっています。

売り主心理としても、エージェントが買い主となる可能性のある顧客のリストをたくさん持っているかどうかは気になるところでしょう。しかし、だからといって、安く売らされてはたまりません。

実態として、現在の日本では、大手不動産会社ほど両手取引の割合が高くなっています。「週刊住宅新聞」の調査によると、誰もが知るある大手不動産会社の平均仲介手数料率は5・2％でした（2017年度）。すべての仲介が両手取引だったと仮定すると上限が6％になりますから、5・2％というのは相当の割合です。

違法ではない以上、不動産会社に両手取引をさせないようにすることはできませんが、両手取引に誘導されて安値で売ってしまうことだけは、絶対に避けなければなりません。

先ほど「安く買いたい買い主」と紹介しましたが、その一方で、日本の消費者の中には

「『良いもの』には適切な金額を支払う」という意識を持った人たちも存在します。

本書で指摘してきたように、これまでの日本の中古住宅市場では「『良いもの』なのか『悪いもの』なのか」を判断する仕組みがなかったのです。その結果、「悪いもの」がどさくさに紛れて取引され、「良いもの」がその価値を認められることもありませんでした。

しかし近年、インスペクションなどによって建物の価値が証明された中古住宅を、適正な価格で購入する人たちが増加してきています。

本質的には、両手取引そのものが悪いのではなく、両手取引を優先するあまり、売却物件の建物の評価や価格査定を正しく行わなくなってしまうことが問題なのです。そう意味においても、「建物の価値をあげるさまざまな取り組み（インスペクション、瑕疵《かし》保険、住宅履歴など）を行う不動産会社であるかどうか」を見極める努力が重要となります。

②囲い込み

第1部第2章「67～68ページ」でも触れた「囲い込み」もよく行われます。囲い込みとは、自社で売却の依頼を受けた物件を、他社に紹介しないことです。

例えば、a社が売り主から専任媒介契約や専属専任媒介契約「272ページ参照」で売却依頼を受けたら、業者間の情報ネットワークである「レインズ」に物件情報を登録する必要があります。

そして、レインズに登録された物件情報を見たｂ社が、自社の顧客に紹介し、顧客がそれを気に入ったとします。ｂ社はａ社に物件の問い合わせをしますが、ａ社は「あの物件はすでに商談に入っていて、成約間近」などと理由をつけて断ります。両手取引を狙っているので、自社の顧客以外には物件を紹介しないという寸法です。これが囲い込みです。

囲い込みをされることで、売り主は、せっかく物件を売却できるチャンスを逃したことになります。そして、囲い込みされているかどうかを売り主が確かめるのは困難です。

囲い込みは不正行為ですが、大手の不動産会社でも横行しているのが実態です。これらの問題を受け、国土交通省は、２０１６年１月に売り主が自らの物件のレインズ登録状況を確認できる「ステータス管理」を導入するなど、囲い込みの是正に着手しています。

③値こなし

「値こなし」もよく行われる悪い慣習です。

売却を検討するお客さまの多くは、複数の会社に査定を依頼します。不動産会社としては売却の委任を受けなければ始まらないので、「こんなに高く売れるの？」と思うような価格で査定を出してくる会社もいます。

そして、委任を獲得して販売をスタートするわけですが、無理な高値に設定してあるので、なかなか売れることはありません。不動産会社も売れないことは最初からわかっているので、積極的に広告宣伝をすることもありません。

そのまま数カ月経ち、売り主がしびれを切らした頃に、「このままでは売れないので、一気に値下げをしましょう」と提案するのです。時間をかけて「値」を「こなす」から「値こなし」です。

不動産会社のモラルが問われる行為ですが、売り主の側にも問題があります。他社より高い査定を出してくれたからという、それだけの理由で売却を委任してしまったからです。

複数の会社から査定を取って相場価格を知ることは大事ですが、競争させて査定価格をつり上げることがゴールではありません。査定価格と実際の成約価格には違いがあるということを理解しなければなりません。

❸ ポストに入っている「あなたの家を欲しがっている人がいます」はウソ

売り物件を預かるのが目的

「こちらの○○マンションを探しているお客さまがいます。ぜひお売りください！」

こんなチラシがポストに入っていたことはないでしょうか。

「この地域限定で戸建てを探しています」「3カ月以内に購入したいという希望者がいます」など、バリエーションはいろいろです。

怪しいチラシだなと差出人を見てみると、誰でも聞いたことのあるような大手の不動産会社です。

「そういえば、先日も同じようなチラシが入っていたな。確かにこのマンションは立地も設備もいいし、買いたいという人は多いかもしれない。ちょうど住み替えを考えていたところだから相談してみようかな」

などと考えて問い合わせてしまったら、その不動産会社の策略に見事はまったことになります。

「確かに欲しいという人はいたんですが、つい先日契約してしまいました。でもこの際、一度、価格を査定してみてはいかがですか？」

と営業担当者の口車に乗せられて、買いたいという人がいるわけでもないのに、売却仲介を委任するはめになってしまいます。それで本当に納得できる価格で売れればいいのですが……。

前述したように、不動産会社にとって儲かるのは、片手取引ではなく両手取引です。両手取引にするためには、まず売り物がなければ話になりません。多少ずるい手を使ってでも、売り物件を預かることが不動産会社にとっては重要なのです。一度預かった後はいろいろな手口を使って両手取引を完了すればいいのです。

大手不動産会社の営業担当者だからといって信用するのは大間違いです。

冷静に考えてみましょう。自分が不動産を買う時に、「このマンション限定で」「○丁目限定で」などと、条件を狭めて買うことはなかったはずです。不自然な内容のチラシをつくるような会社は相手にしないほうが身のためです。

❹ 大手がよいのか？　地元の会社がよいのか？

大手だからといって売却に強いわけではない

売却を依頼するには、大手不動産会社がいいのか、それとも地場でやっている中小の不動産会社がいいのか、迷うところだと思います。

率直に言って私は、大手不動産会社に頼んで得られる唯一のメリットは「信頼感」だと思います。

小さな不動産会社はあっという間に倒産してしまうことがありますが、大手不動産会社は財務基盤が安定していますから、多少不景気になってもなかなか倒産することはありません。「何かあった時に対応してもらえる」という安心感はあります。

ただ実際のところ、大手不動産会社の社員は人事ローテーションで定期的にほかの支店に異動します。何か問題があった時に問い合わせても、当時の担当者がいるかどうかわかりませんし、後任者に適切な対応をしてもらえないこともあります。

また彼らは1人1人が膨大な案件を抱えています。1人の営業担当者が、常時8〜10物件の売却を受け持っている場合もあります。1物件につき4組の購入希望者が現れたとしたら、それだけで32〜40組の案内をこなさなければなりません。「面倒くさくて一つ一つの問い合わせに丁寧に対応していられない」というのがホンネではないでしょうか。

情報量の面ではどうでしょうか。大手のほうが各地に支店もありますし、多くの情報を持っているような気がします。

しかし、そうとも言い切れません。全体で見れば大手の持つ情報量は確かに多いのですが、地域ごとに見れば、大手でも中小でも持っている情報量に差はありません。また、大手しか持っていない情報もあれば、地場の小さな不動産屋さんしか持っていない情報もあります。

私がおすすめするのは、規模にこだわるのではなく、売却に関するノウハウがある会社に任せることです。

例えば、インスペクションや瑕疵保険を必ずつけてくれるなど、売却に特化したサービスを持っている会社です。あるいは、そういった話をした時に、すぐに理解してもらえるような会社であれば、ノウハウがあると判断することができます。

5 信頼できる会社と「専任媒介契約」をすべき

一般媒介では広告宣伝費がかけられない

売却を依頼する際に結ぶ契約を「媒介契約」といいます。契約形態には、一般媒介契約、専任媒介契約、専属専任媒介契約の3つがあります。

①一般媒介契約

複数の不動産仲介会社へ依頼ができる契約です。ほかに依頼した会社を明らかにするケースと明らかにしないケースがあります。複数の会社に依頼するので間口が広がります。

一般媒介契約では、自分で購入者を探すこと（自己発見取引）もできます。

②専任媒介契約

1社の不動産仲介会社にしか依頼しない契約です。仲介会社は売り主に対して、活動内容を2週間に1回以上報告する義務があります。専任媒介契約でも自己発見取引はできます。

③専属専任媒介契約

専任媒介契約と同じで、1社にしか依頼しない契約です。仲介会社は売り主に対して、活動内容を1週間に1回以上報告する義務があります。専任媒介契約と異なる点は、自己発見取引ができない点です。

一般媒介契約は、売り主側からしてみれば、多数の会社に依頼できることから間口が広がるというメリットはありますが、不動産会社側にはほとんどメリットはありません。自分の会社が頑張ったとしても、他社に先を越されてしまったら手数料収入がまったく得られないからです。そのため、広告宣伝にも費用をかけられません。

専任媒介契約なら自社だけに任せてもらえるので、広告宣伝に費用をかけるなど販売活動に力を入れられます。

専属専任媒介契約の場合、活動内容を1週間に1回以上報告する義務があるので、より力を入れてくれそうな気もしますが、一方でデメリットもあります。自己発見取引ができないことです。

不動産を売りに出すと、親戚や知人、近所の人が聞きつけて、「私が買いたい」と連絡してくることが意外とよくあります。そんな時でも、専任媒介契約なら、買いたいと言ってきた人と直接契約を結ぶことができ、不動産会社に仲介手数料を支払う義務はありません。

これが専属専任媒介契約だったら、購入希望者を自分で見つけてきたとしても、契約を結ぶことはできません。もし契約するなら仲介手数料を支払う必要があります。「私が買い主を見つけてきたんだから、お宅の会社に手数料を払わなくてもいいでしょ」と不満を言うお客さまもいますが、契約なのでそれはできません。

したがって私がおすすめするのは、「この会社なら売却を任せられる」と信頼できる不動産会社と専任媒介契約を結ぶことです。その見極め方は次節で解説します。

❻信頼できる不動産会社を見極める7つのポイント

売却に関するサービスやノウハウで見極める

中古住宅の売却を成功させる要因の8割は、不動産会社選びが握っていると思います。この8割という数字はおおよその経験則に基づくものですが、それくらい不動産会社選びが重要だということです。

では、信頼できる不動産会社をどう探せばいいのでしょうか。いくつかのポイントをあげていきましょう。特に①は、国が政策を通じて後押ししている内容で、最低限かつ最重要なポイントです。

①インスペクション、瑕疵保険、住宅履歴に対応している

不動産を売りやすくするには、買い主の不安を解消してあげることが大切です。

例えば、「売った後にどんなトラブルが発生するかわからない」というのも買い主の不安の一つです。インスペクション、瑕疵保険、住宅履歴といった手法を駆使することで、「問題があるかどうかよくわからない中古住宅」を「安心して購入できる中古住宅」に変身させることができます。

②売却に特化したノウハウを持っている

前章で説明したように、例えば、家の中に家具などの荷物をできるだけ置かないほうが、内覧者に好印象を持ってもらいやすくなります。荷物の一時預かりサービスがあれば、家の中をスッキリと見せることができます。

さらに、見栄えのよい家具や家電を置くなど、室内をモデルルームのようにして魅力的に見せる「ステージング」も有効です。

このようなサービスの有無で、売却ノウハウがある会社なのかを見分けることができます。

③売却のストーリーや手順を説明してくれる

前述の通り、住み替えは資金計画やタイミングが難しく、手順を間違えると、トラブルに見舞われたりして、売却も購入も納得できない形で終わってしまいかねません。「どのタイミングで売り、どれくらいの売却代金が入り、ローンの返済と頭金でどれくらいの物件が購入できるようになるか」「仮住まいするとしたら、いつぐらいに引っ越して、いつぐらいに新居を購入するか」といったストーリーや手順をつくってくれる不動産会社を選ぶようにしましょう。

④ホームページの情報が充実している

売り主も買い主も、インターネットで不動産会社の情報をチェックする時代です。ホームページは会社の看板でもあるので、売買情報が充実していれば顧客も集まってきます。情報の多さだけでなく、更新頻度も大切なポイントです。

また、不動産会社の経営方針や事業実績、コンプライアンス（法令遵守）に対する方針なども確認しておきましょう。会社の姿勢を知る目安になります。

⑤インターネット広告を豊富に出している

物件情報をきちんと消費者の目に届かせるためには、インターネットによる広告が欠かせません。「スーモ」「ホームズ」「アットホーム」の3大不動産ポータルサイトがありますが、このうちできれば3つ全部、最低でも2つに登録してもらえるかどうか、確認しましょう。

大手不動産会社の中には、費用のかからない自社サイトに情報を載せて終わり、という対応もよくあります。しかし、自社サイトだけでは、幅広いユーザーに情報を届けることはできません。

なお、ポータルサイトに広告を出すには広告費がかかります。不動産会社は、売買契約が決まったら、受け取る仲介手数料の中から広告費を捻出します。その意味でも、「他社に契約を決められてしまうかもしれない」一般媒介契約では、広告費を出しづらいというわけです。

⑥リフォーム提案ができる

中古住宅の売買にはリフォームがつきものです。

中古住宅の購入を検討するお客さまからは、「リフォームが必要なのはどの箇所で、いくらぐらいかかりますか?」という質問をよく聞かれます。それに対して、「キッチンの交換はしたほうがいいですね。100万円くらいになります」などとアバウトに回答していたら、購入希望者はその情報を鵜呑《うの》みにして、「物件価格+100万円か……」などと判断してしまいます。

そのようなあいまいな情報ではなく、正確なリフォーム費用を教えてあげたほうが、買い主にとってイメージがしやすくなります。

つまり、販売活動を行う前にリフォーム会社に関する見積もりをもらっておくのです。購入希望者はそれをもとに正確な費用を想定できるので、きちんとした資金計画が立てられます。「キッチンはこのままにして、玄関のドアはグレードの高いものに交換して……」と具体的なイメージができるので、購入を決断しやすくなります。

⑦売却に関する税金情報を提供している

不動産の売却にあたっては、譲渡所得税など複雑な税制がからんできます。ホームページで税金の情報を公開していたり、パンフレットを作成していたりするなど、税金に関する詳しい情報を提供してくれる会社かどうかは、大切なポイントです。

不動産売却にかかる税金については次章で解説します。

❼信頼できる営業担当者を見極める7つのポイント

パートナーとして信頼できる人を探す

次に、信頼できる営業担当者を見極める方法です。いくら不動産会社としてサービスが充実していて、売却の実績があっても、結局は営業担当者次第というところは、実際問題としてあります。

以下のポイントを参考に、信頼できる営業担当者かどうかを確かめてください。

①売り急がさずに適切なタイミングでアドバイスをくれるか

査定をしてもらった時、「今が売り時です」「すぐに売ったほうがいい」などとすすめてくる営業担当者は避けたほうがいいでしょう。

何度も説明したように、物件を売るには適切なタイミングというものがあります。

例えば、「今は同じマンションに1件売り出し中の部屋があります。これが売れるまで待ったほうがいいですね」などと、明らかな根拠をもとに提案できる営業担当者であれば安心です。

営業担当者は会社から売上ノルマが与えられているはずなので、「とにかく数を売って売上を上げなければ」という考えになりがちです。そこをグッと踏みとどまって、会社目線ではなく顧客目線で考えてくれる営業担当者を探したいところです。

②インスペクション、瑕疵保険、住宅履歴に関する知識があるか

前節の不動産会社を見極めるポイントでもあげましたが、これらの知識が営業担当者にないと、せっかくの高く売れる物件も高く売れなくなってしまいます。

③物件調査や連絡に対する対応が早いか

物件を購入する時は、一つの物件を買えなかったとしても、次を待てばいいと考えることができます。しかし、売却ではそうはいきません。

購入を検討している人からの問い合わせや内覧希望に対して、スピーディーに対応しないと、売れるものも売れなくなります。

私の経験では、売却を始めて早い段階で買い主がついたにもかかわらず、浄化槽か本下水かを調べていなかったために情報提供ができず、調べている間に買い主がほかの物件に行ってしまったというケースがありました。

売却はタイミングが命です。あらゆる調査を事前にしておき、的確に情報提供できる状態にしておく必要がありますし、購入希望者からの問い合わせに速やかに答える担当者でなければ、タイミングを逃してしまいます。

査定を依頼した段階から、速やかな対応ができる営業担当者かどうかをチェックするようにしてください。

④基本的な税金の知識があるか

自社のホームページやパンフレットで税金の知識を紹介していたとしても、それを営業担当者が理解していなければ意味がありません。

税制を知らなかったために、買い主に対して税金面での有利な情報を伝えられなかったり、売る時に役立つ仕組みを使えなかったりする可能性があります。

「売却にあたってはどれくらいの税金がかかるか」「どんな控除や特例があるか」など、税金面の質問をいくつかぶつけてみるとよいでしょう。仮に知識が十分でなかったとしても、すぐに調べるといった対応はしてほしいところです。

⑤当該物件のメリット・デメリットをうまく説明できるか

中古住宅にはメリットもデメリットもあります。メリットを買い主に積極的にアピールすることは当たり前ですが、デメリットについてはどうすればいいでしょうか。

デメリットを隠しても後からトラブルになっては意味がないので、トラブルにならないような形で、さりげなくデメリットを伝えておくことが大切です。

例えば家の前に街路樹があって、秋になると排水溝が詰まるくらいの落ち葉が落ちてくる物件があったとします。そのような場合、買い主が物件の内覧で訪れた時に「秋は落ち葉が多いので、掃除をするようにしてくださいね」などとそれとなく伝えることで、買った後にトラブルになるのを防ぎやすくなります。

自分の物件のデメリットについてどのような言い方で買い主に伝えるか、営業担当者に質問してみるといいでしょう。

⑥賃貸に出すなど、売却以外の提案もできるか

物件を売却することが最善策であるとは限りません。場合によっては、賃貸に出したほ

うがいいこともあるでしょう。しかし、営業担当者は利益を優先して、「売ったほうがいい」という提案しかしない場合がほとんどです。

大事なのは両方のケースを比較して検討することです。賃貸に出した場合はどうなるか、収支シミュレーションを出してもらい、比較してみるといいでしょう。

⑦宅地建物取引士の資格を持っているか

かつて「宅地建物取引主任者（宅建）」と呼ばれたこの資格は、2015年から「宅地建物取引士（宅建士）」に変更されました。不動産業界で働く人の基本的な資格として知られています。

ただ、113〜114ページで説明したように、この資格は、不動産会社で仕事をするにあたって絶対に必要な資格というわけではありません。契約締結の際、重要事項の説明を行うためには必要なのですが、普段の営業活動をするだけなら持っていなくても問題ありません。

不動産会社の事務所には、5人に1人の割合で、宅地建物取引士の資格を持つ人がいればいいことになっています。

取らなくても仕事はできる資格なのですが、やはり不動産会社の営業担当者としてお客さまと真摯《しんし》に向き合うためには、重要な資格だと思います。その担当者の仕事に対する姿勢が表れる部分だからです。

また、ファイナンシャルプランナーや住宅ローンアドバイザーといった別の資格も持っていればなお心強いでしょう。

「宅建士の資格はありますか?」と率直に聞いてみてください。資格だけで判断する必要はありませんが、信頼できる営業担当者を見極める要素の一つだと思います。

第4章 知らないと損をする「税金」のこと

1 「住宅ローン減税」の活用で早期売却を実現！

実質200万円の値引きに相当

98～100ページでも説明しましたが、住宅ローンで家を買った人が申請すると、本来払うべき所得税・住民税が控除される制度が住宅ローン減税（控除）です。

この制度は、これから家を買い替える人だけでなく、売却を考えている人にとっても、知っておいて損はありません。なぜかというと、買い主にとって住宅ローン減税が使える家かどうかは、とても重要な問題だからです。

住宅ローン減税の対象となる住宅を、個人の売り主から購入すると、購入した人は年末時点の住宅ローン残高の1％にあたる額を所得税から差し引くことができ、それが10年間続きます。最大控除額は200万円。つまり、トータルで200万円の節税ができるということです。

200万円の節税ができる家とそうでない家があったら、買い主が前者を選ぶのは当たり前です。家を200万円安く手に入れるのと同じだからです。

この住宅ローン減税は、ある条件をクリアすれば中古住宅でも適用されます。その条件とは、「床面積50平方メートル以上の住宅」で「築後20年以内（木造の戸建て。マンションは築25年以内）または新耐震基準に適合すること」です。

築20年を超えたの木造住宅であっても、新耐震基準に適合していることを証明する書類があれば、適用を受けられます。これまで説明してきた「瑕疵《かし》保険」の保証書がそれにあたります。

したがって売却を予定している売り主は、瑕疵保険検査を受け、瑕疵保険に加入できることを証明する書類を用意しておくことよいでしょう。

そうすれば「5年間の保証がつく」だけでなく、「住宅ローン減税の適用も受けられる（最大200万円の控除がある）」と買い主にアピールできるからです。

2 譲渡所得にかかる税金は所有期間5年が分かれ目

売った年の1月1日現在で判断する

住宅を売って利益が出た場合、その譲渡所得（利益）に対して「譲渡所得税」がかかります。譲渡所得税は、原則として給与所得や事業所得とは分離して課税されます。

譲渡所得税額は次のように計算します。

譲渡所得税額＝課税譲渡所得×税率（所得税・住民税）

このうち、「課税譲渡所得」の計算式は次の通りです。

課税譲渡所得＝譲渡収入金額−（取得費＋譲渡費用）−特別控除

「譲渡収入金額」とは、住宅の売却代金のことを指します。

「取得費」とは、住宅を取得した時の費用のことをいいます。取得費を求めるには「実額法」と「概算法」があります。実額法では、売却した土地や建物の購入価格（建物は所有期間中の減価償却費相当額を差し引いて計算）、購入時の仲介手数料、売買契約書に添付した印紙代、登記費用、不動産取得税、取得後支出したリフォームなどの改良費（用途変更を伴うなどある一定の規模以上のもの）、設備費を加えた合計額を計算します。取得費が不明な場合、もしくは実際の取得費が売却価格の5％より少ない場合は「概算法」として、売却価格の5％を取得費とすることができます。

「譲渡費用」は、売却した時に要した仲介手数料や測量費、売買契約書に添付した印紙代などを指します。

「特別控除」とは、マイホームを売った時などに受けられる特例として設けられている控除額のこと。次節で説明します。

譲渡収入金額から取得費と譲渡費用を差し引いた額が課税譲渡所得となり、これに税率をかけると譲渡所得税額が決まります。

そして、ここが重要なポイントですが、税率は「住宅を取得してから売却するまでの期間」によって大きく変わってきます。

期間5年以下は「短期譲渡所得」となり、税率は39・63％（所得税30・63％、住民税9％）。期間5年超は「長期譲渡所得」となり、税率は20・315％（所得税15・315％、住民税5％）。

例えば、課税譲渡所得が1000万円だったとすると、短期譲渡所得なら税額は396万3000円、長期譲渡所得なら税額は203万1500円になります。短期は長期の倍近くの税金を支払う必要があるというわけです。

短期か長期かの判断基準となる所有期間は、「売却した年の1月1日現在において、所有期間が5年以下か、5年を超えるか」により決まります。

例えば、2015年の5月1日に購入した物件の引き渡しがあり、2020年の11月30日にその物件を売却して引き渡した場合、カレンダー上の所有期間は5年7カ月ですが、税務上の所有期間は4年8カ月（＝短期譲渡所得）と判断されます。

住宅を売る時は、短期に該当するか長期に該当するか、タイミングをよく考えてから売るようにしましょう。また、実際に売却した場合にいくらの譲渡所得税が発生する予定かは、売却を依頼した不動産会社に計算してもらってください。

❸ 譲渡所得税を少なくする3つの特例

マイホームなら控除が豊富

前節でも説明しましたが、土地・建物の譲渡所得税の計算にはいくつかの特例があります。売却によって利益が出たとしても、これらの条件を満たせば、譲渡所得税を少なくできたり、支払う必要がなくなったりする場合があります。

①居住用財産の特別控除(3000万円)の特例

マイホーム(居住用財産)を売って譲渡所得が生じた場合、譲渡所得が3000万円までなら課税されないという特例です。前節の288ページで紹介した計算式の中の「特別控除」がこれに該当します。あらためて計算式を紹介すると、次のようになります。

課税譲渡所得＝譲渡収入金額－（取得費＋譲渡費用）－3000万円

要するに、中古住宅を3000万円を超える金額で売却できた場合にのみ、譲渡所得税を支払わなくてはならない可能性が出てくるということです。

この特例を受けるための主な要件は次の通りです。

◆自分が住んでいる住宅を売ること。

◆以前住んでいた住宅の場合には、住まなくなった日から3年目の12月31日までに売ること。

◆売却した年の前年、前々年において「居住用財産の3000万円の特別控除」、または「特定居住用財産の譲渡損失の損益通算及び繰越控除の特例」〔**299**ページ参照〕などの適用を受けていないこと。

◆一定の特別関係者（親子や夫婦など）への売却でないこと。

◆別荘など主として趣味、娯楽または保養のために所有する家屋でないこと。

②居住用財産の軽減税率の特例

10年を超えて持っていたマイホームを売った場合には「軽減税率の特例」もあてはまります。右で説明した「居住用財産の3000万円の特別控除」をしたうえで、6000万円までの課税譲渡所得は税率を14・21％（所得税10・21％、住民税4％）、6000万円を超えた部分は20・315％（所得税15・315％、住民税5％）とすることができます。

この特例を受けるための主な要件は次の通りです。

◆自分が住んでいる住宅を売ること。

◆以前住んでいた住宅の場合には、住まなくなった日から3年目の12月31日までに売ること。

◆売却した年の1月1日において、家屋と敷地の所有期間がともに10年を超えていること。

◆売却した年の前年、前々年において「居住用財産の軽減税率の特例」の適用を受けていないこと。

◆一定の特別関係者（親子や夫婦など）への売却でないこと。

◆売却した家屋や敷地について「特定居住用財産の買換えの特例」〔295ページ参照〕などの適用を受けていないこと。

③相続財産を売却した場合の取得費の特例

相続により取得した住宅を3年以内に売った場合には、譲渡所得税の計算式のうちの「取得費」に、支払った相続税を加算することができ、結果として譲渡所得税が軽減されるという特例があります。

取得費として認められる加算額は、「支払った相続税額×相続財産のうち売却した不動産に対する相続税評価額÷相続財産の相続税評価額の合計額」で算出されます。

ただし、相続税の申告期限の翌日から3年以内に売らなければ、この特例は利用できないので注意が必要です。

❹ マイホームを高額で売却できた人が得する特例がある？

課税を将来に繰り延べできる

一般に「特定居住用財産の買換えの特例」と言われますが、住み替え時にマイホームが高額で売れた人が使える特例があります。前節で解説した「居住用財産の3000万円の特別控除」もありますので、譲渡所得が3000万円以下で、3000万円の特別控除が適用される場合は、この特例については考えなくていいでしょう。

この特定居住用財産の買換えの特例は、後述する要件などを満たした場合に、住み替えで得た譲渡益（今住んでいるマイホームを購入額よりも高く売却できた場合に得られた利益）にかかる税金を、住み替え用に購入したマイホームを売却する時まで繰り延べることができる、というものです。非課税になるわけではないため、注意が必要です。

しかも、この特例は、期限がありますので、利用するタイミングに合わせて適宜確認をしていただく必要があります。

［譲渡資産（旧マイホーム）の要件］

◆自分が住んでいる住宅を売ること。

◆以前住んでいた住宅の場合には、住まなくなった日から3年目の12月31日までに売ること。

◆売却した年の1月1日において、家屋と敷地の所有期間がともに10年を超えていること。

◆売却人による居住期間が通算10年以上であること。

◆譲渡資産の売却代金が1億円以下であること。

［買換資産（新マイホーム）の要件］

◆居住用部分の床面積が50平方メートル以上、かつ、敷地面積が500平方メートル以下であること。

◆中古のマンション等の耐火建築物は、取得の日以前25年以内に建築されたものであること。ただし、新耐震基準に適合しているものについてはこの年数を超えてもよい。

◆売却した年の前年1月1日から、売却した年の翌年の12月31日までに買換資産を取得すること。

◆売却した前年から売却した年の間に取得した買換資産であれば、売却した年の翌年12月31日までに居住すること。また、売却した年の翌年に取得した買換資産であれば、売却した翌々年12月31日までに居住すること。

［その他］

◆譲渡資産について、「居住用財産の3000万円の特別控除」「居住用財産の軽減税率の特例」などの特例を受けていないこと。

◆一定の特別関係者（親子や夫婦など）への売却でないこと。

◆買換資産に関して住宅ローン控除の適用を受けていないこと。

5 売却して損をしたら所得税がかからない？

ほかの所得と損益通算できる

マイホームを売った結果、譲渡損失（購入額よりも安く売却した場合に生じる損失）が生じることもあります。

不動産の売却により発生した損失は、通常の場合、給与所得などのほかの所得と損益通算（控除）することができません。しかし、一定の要件を満たすものに限り、損益通算することができ、結果として支払う所得税を少なくすることができます。また、損益通算しきれない損失を翌年以降に持ち越すこと（繰越控除）もできます。

譲渡損失が出た場合の特例には2種類があります。

なお、これらの特例も、期限がありますので、利用するタイミングに合わせて適宜確認をしていただく必要があります。

①特定居住用財産の譲渡損失の損益通算及び繰越控除の特例

所有期間が5年超のマイホームを売った時に発生した譲渡損失を、給与所得などほかの所得と損益通算できる特例です。さらに、損益通算をしても控除しきれなかった譲渡損失は、売却の年の翌年以後3年内であれば繰り越して控除することができます。

マイホームの売買契約日の前日における住宅ローンの残高から売却価額を差し引いた残りの金額が、損益通算の限度額となります。

この特例を受けるための主な要件は次の通りです。

◆自分が住んでいる住宅を売ること。
◆以前に住んでいた住宅の場合には、住まなくなった日から3年目の12月31日までに売ること。
◆売却の年の1月1日における所有期間が5年を超える住宅であること。
◆売却した住宅の売買契約日の前日において、その住宅にかかる10年以上の住宅ローン残高があること。
◆売却した年とその前年以前3年間に、ほかの譲渡損失の繰越控除の適用を受けていないこと。

◆繰越控除を受ける年分の合計所得金額が3000万円以下であること。

◆売却した年の前年、前々年において、「居住用財産の3000万円の特別控除」「特定居住用財産の買換えの特例」「居住用財産の軽減税率の特例」の適用を受けていないこと。

◆住宅の売却金額が住宅ローンの残高を下回っていること。

②居住用財産を買換えた場合の譲渡損失の損益通算及び繰越控除の特例

マイホームを売却し、新たなマイホームに買い替えた時に、旧マイホームの譲渡損失について、一定の要件を満たすものに限り、給与所得などほかの所得と損益通算できます。さらに、損益通算をしても控除しきれなかった譲渡損失は、売却の年の翌年以後3年内であれば繰り越して控除することができます。

この特例を受けるための主な要件は次の通りです。

◆自分が住んでいる住宅を売ること。

◆以前に住んでいた住宅の場合には、住まなくなった日から3年目の12月31日までに売ること。
◆売却の年の1月1日における所有期間が5年を超える住宅であること。
◆売却した年とその前年以前3年間に、ほかの譲渡損失の繰越控除の適用を受けていないこと。
◆譲渡資産を売却した前年1月1日から売却した年の翌年の12月31日までに日本国内にある買換資産を取得すること。
◆買換資産取得の年の翌年12月31日までに居住すること、またはその見込みであること。
◆買換資産の床面積は50平方メートル以上（上限なし）であること。
◆買換資産について取得年の12月31日において10年以上の住宅ローン残高があること。
◆繰越控除を受ける年分の合計所得金額が3000万円以下であること。
◆売却する年の前年、前々年に、「3000万円の特別控除」「特定居住用財産の譲渡損失の特例」「居住用財産の軽減税率の特例」の適用を受けていないこと。

ちなみに、譲渡損失が発生した場合の2つの特例は、住宅ローン減税と組み合わせて使えます。これらの特例と住宅ローン減税を利用すれば、ムダなく節税効果を得ることができます。

ここまで、中古住宅の売却時に関係してくる税制の大枠をお伝えするために、かいつまんで説明をしてきました。しかし、実際の税制はもう少し複雑ですので、詳しくは不動産会社の担当者か、税務署、税理士などにご確認ください。

高橋正典
たかはし・まさのり

価値住宅株式会社代表取締役。
不動産ディベロッパーおよび住宅販売会社での経営経験をもとに、
現場の実情に最も即した不動産コンサルティングを行う。
およそ25年にわたり約10万戸にのぼる物件をリサーチし、1万人以上の購入希望者とかかわり、
売買契約2500件以上を誇る。
一つ一つの中古住宅〔建物〕を正しく評価し流通させるために
「売却の窓口®」［http://www.baikyaku-mado.com/］を運営し、その加盟店は全国に広がっている。
国土交通省より「中古不動産取引における情報提供促進モデル事業」の採択を受け、
全国の不動産会社・建築・リフォーム事業者〔100社以上〕に対する事業コンサルティングを実施。
著書に『不動産広告を読め』［東洋経済新報社］、
『マイホームは、中古の戸建てを買いなさい！』［ダイヤモンド社］などがある。

［決定版《けっていばん》］プロだけが知《し》っている！
中古住宅《ちゅうこじゅうたく》の買《か》い方《かた》と売《う》り方《かた》
2019年9月30日 第1刷発行

著者◆高橋正典
発行者◆三宮博信
発行所◆朝日新聞出版
〒104・8011 東京都中央区築地5・3・2
電話◆03・5541・8814［編集］03・5540・7793［販売］
印刷所◆大日本印刷株式会社

©2019 Masanori Takahashi, Published in Japan by Asahi Shimbun Publications Inc. ISBN978-4-02-331843-4

定価はカバーに表示してあります。
本書掲載の文章・図版の無断複製・転載を禁じます。
落丁・乱丁の場合は弊社業務部（電話03・5540・7800）へご連絡ください。
送料弊社負担にてお取り換えいたします。